基于核心素养下
高中物理新教材同步课程
微资源设计与开发

刘佳　吴秀梅◎主编

首都师范大学出版社
CAPITAL NORMAL UNIVERSITY PRESS

图书在版编目（CIP）数据

基于核心素养下高中物理新教材同步课程微资源设计
与开发 / 刘佳, 吴秀梅主编. 一北京：首都师范大学出版社，
2022.8（2024.5重印）

ISBN 978-7-5656-6890-6

Ⅰ.①基… Ⅱ.①刘… ②吴… Ⅲ.①中学物理课—
教学设计—高中 Ⅳ.①G633.72

中国版本图书馆CIP数据核字（2022）第049838号

JIYU HEXIN SUYANG XIA GAOZHONG WULI XINJIAOCAI TONGBU
KECHENG WEIZIYUAN SHEJI YU KAIFA

基于核心素养下高中物理新教材同步课程微资源设计与开发

刘 佳 吴秀梅 主编

责任编辑 李佳健
首都师范大学出版社出版发行

地 址 北京西三环北路105号
邮 编 100048
电 话 68418523（总编室） 68982468（发行部）
网 址 http://cnupn.cnu.edu.cn
印 刷 河北鑫彩博图印刷有限公司
经 销 全国新华书店
版 次 2022 年 8 月第 1 版
印 次 2024 年 5 月第 2 次印刷
开 本 710 mm×1000 mm 1/16
印 张 15
字 数 235 千
定 价 52.80 元

序言

刘佳高中物理工作室成立于 2020 年，工作室由市级骨干教师、"运河计划"教育领军人才刘佳老师全面负责，特聘北京市通州区教师研修中心（分院）吴秀梅老师为工作室指导专家，工作室成员包括本校及兄弟校各三位教师，其中有三位教研组长，包含一所农村校。工作室不断发挥研究、示范与辐射作用，通过团队协作打造出了一支全区高中物理教学的学科引领队伍，带动了农村校发展，也使得团队中的更多成员成为了骨干。

为了更好地落实《北京市中小学教师信息技术应用能力提升工程 2.0 实施方案》要求，深入贯彻课程改革精神，全面培养学生核心素养，有效提升教育教学质量，该工作室集中高中物理骨干教师的优势，基于课堂、应用驱动的需求，积极构建微课资源库，共同进行了"高中物理新教材同步课程微资源开发"的研究与实践，适时开发出本套高中物理必修部分微课资源。

微课以其短小精悍、主题明确、针对性强、运用灵活的优点博得了教育界的关注和喜爱。本书内容涵盖了高中物理新教材必修三册主要部分核心知识点的微资源，共计 48 节微课的教学设计、作业设计和视频设计。有对物理方法的介绍，如话说比值定义法；有对物理概念、物理规律来源的深层解读，如加速度、牛顿第二定律、万有引力定律；有对物理实验的视频展示及说明，如验证机械能守恒；还有对物理学史的介绍，从而增加学生对物理史学知识的拓展认识，如牛顿第一定律的发展历程；

以及对联系实际的各种运动的剖析，如自由落体运动、竖直上抛运动、平抛运动、斜抛运动；更有对电学抽象知识的深入理解，如电场强度、电势、电动势等概念的解析等。

本书遵循课程标准要求，每一个微课知识点都源自课标，针对性强；信息丰富，重点突出；联系实际，强调综合；体系严谨，编排科学。为了让学生掌握物理学抽象的概念和规律，培养学生自主进行科学探究的能力，提高全体学生的核心素养，书中的设计全部与新课程教材同步，并配有相应视频和个性化作业，既满足广大教师备课及课堂教学需要，更满足学生课前预习、课后复习、自主学习等需求。在目前线上线下相结合的教学背景下，把微课作为一种手段或载体，借助本书资源探寻利用微课进行线上线下融合教学的切合点与有效途径。本书非常适合师生在线上或线下进行观摩、评课、反思和研究，从而快速提升教师教学水平、促进教师专业成长，进而提高课堂教学实效性，减轻学生课业负担，实现教与学创新模式的转变；同时，建立微课资源库，让学生有更多的选择空间，能够促进学生个性化学习，提高学生学习效果。

本书的出版，无疑为后疫情时代的普通高中物理教学打开了一扇启迪之窗，更为我们进一步改进工作提供了有益借鉴。千里之行始于足下，在教学研究之路上，希望更多的物理教育同人和工作室的老师们一起，携手并进，翱翔在物理教学的这片广阔而深邃的蓝天之上，去追寻，去探究……北京城市副中心教育的高质量发展一定指日可待！

王凤明

北京市第二中学通州校区党总支书记、校长

2022 年 1 月

第一章 必修第一册

第二章　必修第二册

第三章　必修第三册

第一章　必修第一册

本册内容由"机械运动与物理模型""相互作用与运动定律"两个主题组成。

本册内容注重在机械运动情境下培养建立运动与相互作用观念和模型建构等物理学科核心素养。学习中应根据本册内容所学物理模型的特点，联系生产生活实际，从多个角度创设情境，提出与物理学有关的问题，相互讨论，体会建构物理模型的必要性及方法等；经历建构速度、加速度、力等重要物理概念的过程，了解测量这些物理量的方法，进而学习定量描述生活中物体运动和相互作用的方法；通过探究物体间相互作用与运动状态变化的关系等实验，学会运用控制变量等研究方法设计实验方案，获取分析和处理实验数据的方法，提高科学探究能力。希望广大学生能够通过了解物理学史从而认识到实验探究与科学思维的结合对物理学发展起到的重要作用。

具体做到以下几方面：

能用位移、速度、加速度等物理量描述物体的直线运动，能用匀变速直线运动的规律解释或解决生活中的具体问题。能对物体的受力和运动情况进行分析，得出结论。能从物理学的运动与相互作用的视角分析自然与生活中的有关简单问题。

了解建立质点模型的抽象方法和质点模型的适用条件，能在特定情境下将物体抽象为质点，体会物理模型建构的思想和方法。通过瞬时速度和加速度概念的建构，体会物理问题研究中的极限方法和抽象思维方法。知道证据是物理研究的基础，能使用简单直接的证据表达自己的观点。

　　会做"探究加速度与物体受力、物体质量的关系"等实验。能明确科学探究实验所要解决的问题，知道制订实验方案是重要的，有控制变量的意识。会使用基本的力学实验器材获取数据，能用物理图像描述实验数据，能根据数据得出实验结论，知道实验存在误差。能表达科学探究的过程和结果。

　　通过直线运动和牛顿运动定律的学习，认识物理学是对自然现象的描述与解释，提高学习物理学的兴趣。

激发兴趣　孕育志向

——《开学第一课：如何学好物理》微资源设计

北京市通州区教师研修中心　吴秀梅

一、内容说明

知识点：

1. 了解物理的学习内容。

2. 知道学习物理的重要性。

3. 了解学好物理的方法。

内容分析： 通过对物理学习内容、物理学习的重要性、物理学习方法等方面的了解，引导学生愿意学习物理，并能在学习之前就对物理学习方法有大体了解，为今后的学习建立良好的学习氛围。

二、教学目标分析

物理观念： 通过对身边生产生活现象的观察，了解物理知识蕴含之中，形成初步物理概念。

科学思维： 通过对身边生产生活现象的观察与物理学中的运动模型等建立关联，形成初步物理建模意识；通过对高中阶段学习内容的了解，学习目标更加明确；通过对身边生产生活现象的观察，知道物理学对科技发展的重要作用，初步形成创新意识。

科学态度与责任： 通过对初高中物理学习区别的了解，逐步形成刻苦学习的意志；通过对身边生产生活现象的观察，知道物理知识是科学技术发展的基础，增加学习物理的意愿，建立追求真理和探究客观事物本质的愿望，具有社会意识。

三、教学重难点分析

教学重点： 了解物理的学习内容；知道学习物理的重要性。

教学难点：了解学好物理的方法。

四、教学过程

（一）What to learn? 学什么？

1. 观察身边的现象。

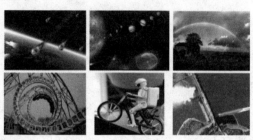

2. 物理学的重要作用。

3. 高中阶段课堂上学习的物理。

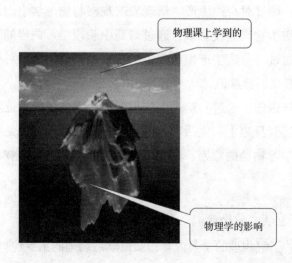

（二）Why to learn? 为什么学?

1. 物理学对社会的影响：从实验室的磁悬浮现象到和谐号高铁列车。

2. 物理学对生活的影响。

抬柜子视频案例：力的分解与合成。

（三）How to learn? 怎么学?

1. 高中物理的特点

（1）知识量增大；（2）理论性增强；（3）系统性增强；（4）综合性增强。

2. 初、高中物理的区别

（1）从初中到高中知识的衔接看，物理跨度非常大。

（2）从知识的层次看，初中大部分知识都是要求感觉、了解、知道；而高中大部分都是要求感悟、理解、掌握、应用。

（3）从学生实验层次看，高中阶段需要学生推导出实验原理，再根据实验原理自己拟订方案，然后动手，观察与记录数据，分析现象与实验数据，得出结论，还要分析实验误差的原因。

（4）从数学应用层次来看，初中阶段主要运用物理公式求解；而高中阶段要求不仅会运用物理公式，而且还要会运用数学知识解决实际物理问题，甚至需要先建模再解决实际问题。

（5）从思维层次看，初中只需要表层思维，即知道是什么即可；高中需要深层思维，即知道为什么，甚至能迁移应用。

3. 学习高中物理要达到的能力

（1）基础能力：理解能力、推理能力、实验能力。

（2）较高能力：应用能力、探究能力。

4. 学好物理的方法

（1）重视观察和实验；（2）重视读数和思考；（3）重视笔记和练习。

五、作业设计

1. 自行阅读物理必修第一册《走进物理课堂之前》的内容，了解物理研究的一般思想方法。

2. 自行阅读物理必修第一册《序言——物理学：物质及其运动规律的科学》的内容，了解物理学的研究范围，感受物理学的博大精深。

3. 自主上网查阅我国科学技术发展水平的有关内容。

六、设计说明

作业 1：通过自学了解物理研究的思想方法，感受物理学的深奥。

作业 2：通过自学了解物理学的研究范围，感受物理学的博大精深。

作业 3：通过自主上网查阅我国科学技术发展水平的有关内容，了解我国科学技术的发展，增强学习的意愿。

生活实际 去繁就简

——《加速度》微资源设计

北京市第二中学通州校区 刘 佳

一、内容说明

对应高中物理课程标准内容知识点： 1.1.3 理解加速度。

内容分析： 加速度是运动学中重要的概念，是连接力学和运动学的桥梁，起着承上启下的作用。本节微课用去繁就简的方法，从学生实际出发，比较汽车启动过程，通过车外参照物和仪表盘对比，让学生思考它们速度变化的快慢，以增强学生的感性认识。通过仿照平均速度的引入方法，引入加速度这一概念，从而顺应学生的理解水平。

二、教学目标分析

物理观念： 理解加速度的概念，加速度是表示速度变化快慢的物理量，知道它的定义、符号、公式和单位；理解加速度是矢量，知道加速度方向的确定方法。

科学思维： 培养学生逻辑思维能力、类比能力和理论联系实际能力，进一步理解比值定义法的思想。

科学探究： 利用大量的视频，唤醒学生的生活经验，以学生最熟悉的汽车启动为主线索，从感性认识逐渐深入，抽象出加速度的概念，培养学生的探究能力。

科学态度与责任： 增强学生的交通安全意识，培养实事求是的精神。

三、教学重难点分析

教学重点： 加速度概念的建立对加速度物理意义的深入理解。

教学难点： 帮助学生建立加速度的概念。

四、教学过程

（一）引入新课

播放视频（赛车与战斗机竞速），学生观看视频并分析赛车胜利的原因。

【设计意图】利用视频，唤醒学生的生活经验。

（二）讲授新课

1. 探究：汽车启动快慢的比较

（1）播放视频：汽车两次不同的启动，引导学生如何比较汽车启动快慢。学生感受到汽车两次启动都在加速，但速度增加的快慢不一样。

（2）播放视频：比较两次启动在相同时间内速度的变化情况。学生体会 Δt 相同，Δv 越大，速度变化越快。

（3）播放视频：比较两次启动在速度变化相同时所用时间的情况。学生体会 Δv 相同，Δt 越小，速度变化越快。

（4）播放视频：比较两次启动速度变化不同，所用时间不同的速度变化快慢情况。引导学生得出 Δv 不同，Δt 不同时，两者的比值越大，速度变化越快，从而引出加速度的定义式 $a = \Delta v/\Delta t$。

【设计意图】通过四段视频对比，让学生体会速度变化和对应时间的关系，经历加速度的建立过程。

2. 加速度

（1）物理意义：描述速度变化快慢的物理量。

（2）定义：加速度是速度的变化量与发生这一变化所用时间的比值。

（3）定义式：$a = \dfrac{\Delta v}{\Delta t}$

（4）单位：m/s^2（读作：米每二次方秒）。

（5）性质：矢量（类比法），加速度方向与速度变化方向相同。

（6）加速度与生活：观看视频，并介绍死亡加速度，提高学生的安全意识。

【设计意图】理解加速度的概念，知道其定义、公式和单位；理解加速度是矢量，知道其方向的确定方法。

（三）课外探究

1.测测自家或邻居家电瓶车的启动性能和制动性能，讨论哪种品牌的车最安全。

2.通过网络查找并比较 20 万元以下各类家用轿车的启动性能。

五、作业设计

知识点一　加速度概念的理解

1.关于加速度，下列说法正确的是（　　　）

A.加速度是描述速度变化的物理量

B.速度的变化率就是加速度

C.加速度的方向总与速度的方向相同

D.加速度的方向总与速度变化量的方向相同

2.甲、乙两物体沿同一直线向同一方向运动时，取物体的初速度方向为正，甲的加速度恒为 2 m/s^2，乙的加速度恒为 -3 m/s^2，则下列说法中正确的是（　　　）

A.两物体都做加速直线运动，乙的速度变化快

B.甲做加速直线运动，它的速度变化快

C.乙做减速直线运动，它的速度变化率大

D.甲的加速度比乙的加速度大

知识点二　加速度的计算

3.如图所示是汽车的速度计，某同学在汽车中观察速度计指针位置的变化。开始时指针指示在如图甲所示位置，经过 8 s 后指针指示在如图乙所示位置，若汽车做匀加速直线运动，那么它的加速度约为（　　　）

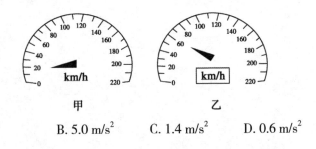

甲　　　　　　　　　乙

A. 11 m/s^2　　　　B. 5.0 m/s^2　　　　C. 1.4 m/s^2　　　　D. 0.6 m/s^2

4. 据报道，我国空军研究人员在飞机零高度、零速度的救生脱险方面的研究取得成功，报道称：由于飞机发生故障大多数是在起飞、降落阶段，而此时的高度几乎是零高度。另外在飞行过程中会出现突然停机现象，在这种情况下，飞行员脱险非常困难，为了脱离危险，飞行员必须在 0.1 s 的时间内向上脱离飞机，若飞行员脱离飞机的速度为 20 m/s，试判断脱离过程中的加速度为多大。

【参考答案】1. BD   2. C   3. C   4. 200 m/s^2

比值定义　掌握方法

——《话说比值定义法》微资源设计

北京市通州区教师研修中心　吴秀梅

一、内容说明

对应高中物理课程标准内容知识点： 1.1.3 速度概念的建构和加速度概念的建构。了解比值定义法是定义物理量的一种方法。知道比值定义法使用的条件和意义。

内容分析： 能从已经学过的物质密度、压强、功率、速度、加速度这些物理量中，感知比值定义法是定义物理量的一种方法。了解比值定义法定义物理量的条件，掌握比值定义法，从而加深对物理概念的理解。

二、教学目标分析

物理观念： 从比值定义法的理解中，理解密度、速度等物理量，建立物理观念。

科学思维： 知道比值定义法使用的条件和意义，能够对物理量的定义过程更清晰，从而更好地理解物理量。

科学态度与责任： 了解比值定义法是定义物理量的一种方法，对物理学习有很大的帮助，通过深入思考可以更好地理解物理学中物理量的定义方法。

三、教学重难点分析

教学重点： 知道比值定义法是定义物理量的一种方法。

教学难点： 知道比值定义法使用的条件和意义。

四、教学过程

（一）引入新课：比值定义法的内涵

用两个基本的物理量的"比"来定义一个新的物理量的方法。

①物质密度、②压强、③功率、④速度、⑤加速度……

$$\rho = \frac{m}{v} \quad p = \frac{F}{s} \quad P = \frac{W}{t} \quad v = \frac{x}{t} \quad a = \frac{v}{t}$$

比值定义法的基本特点是被定义的物理量往往是反映物质的最本质的属性，它不随定义所用的物理量的大小取舍而改变。

【设计意图】通过比值定义法理解密度、速度、加速度等物理量，建立物理观念。

（二）讲授新课

1. 比值定义法定义物理量的条件

一是客观上需要；二是间接反映特征属性的两个物理量可测；三是两个物理量的比值必须是一个定值。

2. 理解比值定义法

（1）理解要注重物理量的来龙去脉

为什么要研究这个问题从而引入比值法来定义物理量（包括问题是怎样提出来的），怎样进行研究（包括有哪些主要的物理现象、事实，运用了什么手段和方法等），通过研究得到怎样的结论（包括物理量是怎样定义的，数学表达式是怎样写的），物理量的物理意义是什么（包括反映了怎样的本质属性，适用的条件和范围是什么）和这个物理量有什么重要的应用。

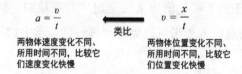

（2）理解要展开类比与想象，进行逻辑推理

所有的比值定义法的物理量其有相同的特点。通过展开类比与想象，进行逻辑推理、抽象思维等活动，从而引起思维的飞跃、知识的迁移，在类比中加深理解。

$$a = \frac{v}{t} \quad \longrightarrow \quad y = \frac{a}{t}$$

（3）不能将比值法的公式纯粹地数学化

在建立物理量的时候，交代物理思想和方法，搞清概念表达的属性，从这些量度公式中理解它们的物理过程与物理符号的真实内容，切忌被数学符号形式化，忽视了物理量的丰富内容，一定要从量度公式中揭示所定义的概念与有关概念的真实依存关系和物理过程，防止学生死记硬背和乱用。另一方面，在数学形式上用比例表示的式子，不一定就应用比值法。

【设计意图】了解比值定义法是定义物理量的一种方法，知道比值定义法使用的条件和意义，对物理学习有很大的帮助，通过深入思考可以更好地理解物理学中物理量的定义方法。

五、作业设计

1. 自行总结比值定义法定义的物理量都有哪些，再进行细致分类。
2. 网上查阅物理量的其他定义方法。

六、作业设计说明

作业1：通过总结，能更好地了解并掌握比值定义法，从而加深对物理概念的理解。

作业2：了解物理量的其他定义方法。

系统总结　提高升华

——《话说图像法解决物理问题》微资源设计

北京市通州区教师研修中心　吴秀梅

一、内容说明

对应高中物理课程标准内容知识点： 1.1.3 理解位移、速度和加速度。通过实验，探究匀变速直线运动的特点，能用公式、图像等方法描述匀变速直线运动，理解匀变速直线运动的规律，能运用其解决实际问题，体会科学思维中的抽象方法和物理问题研究中的极限方法。

内容分析： 能从已经学过的 x–t 和 v–t 图像中，感知图像法是形象描述物理过程和物理规律的有力工具，也是解决物理问题的一种手段。从案例中归纳出图像法使用的方法、步骤，领悟图像法解决问题的直观和精妙。

二、教学目标分析

物理观念： 从图像法的理解中，理解质点运动的速度、位移等运动学观念。

科学思维： 知道图像法的使用方法、步骤，能够对实际问题建构相应运动模型（匀速直线运动、匀变速直线运动、一般变速运动等），从而理解图像法是解决物理问题的一种手段。

科学态度与责任： 能够利用图像法，解决生产生活中一些实际运动问题，学以致用，让物理知识与物理图像建立关联，达到学科融会贯通。

三、教学重难点分析

教学重点： 物理图像重点关注的轴、线、点、斜率、面积相关内容。

教学难点： 知道图像法使用的方法、步骤。

四、教学过程

（一）引入新课：介绍物理图像

物理图像是形象描述物理过程和物理规律的有力工具，也是解决物理问题的一种手段。物理图像就是在直角坐标系中绘出的两个轴所表示的相关物理量之间的联系。

（二）讲授新课

1.物理图像的优点：形象、直观地反映出物理量的函数关系。

比较如下图所示的位移—时间图像和速度—时间图像，体会物理图像的优点。

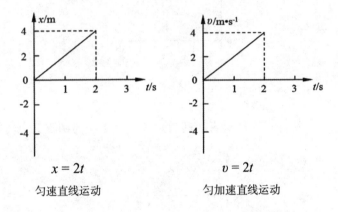

$$x = 2t$$
匀速直线运动

$$v = 2t$$
匀加速直线运动

物理图像区别于数学图像的根本在于它赋有明确的物理意义，体现具体的物理内容，描述清晰的物理过程。用图像表示物理规律是高中阶段常遇到的问题，正确合理地使用图像有利于我们对问题的分析，有利于加深对规律的理解。

【设计意图】从图像法的理解中，理解质点运动的速度、位移等运动学观念。

2.物理图像重点关注：轴、线、点、斜率、面积

（1）轴：坐标系的横轴、纵轴所代表的的物理量，即弄清描述哪两个物理量间的关系，同时注意单位和标度。

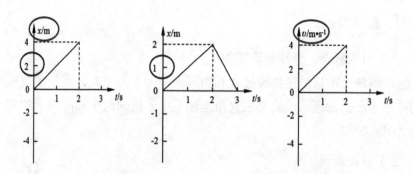

（2）线："线"上的一个"点"反映了两个量的瞬时关系；"线"上的一个"段"一般对应一个物理过程。

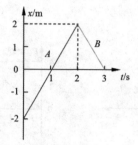

（3）点："特殊点"如交点、转折点（拐点）、与两轴交点（截距）。

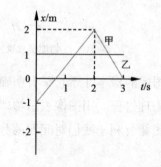

（4）斜率：表示横轴、纵轴坐标轴上两个物理量的比值。

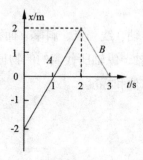

（5）面积：图线和坐标轴所围成的面积，即两轴所代表的物理量的乘积有时也表示另一个物理量，具体有无实际意义，还要通过物理公式来分析。

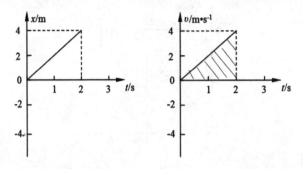

方法总结：一看"轴"；二看"线"；三看"点"；四看"斜率"；有时看"面积"。

【设计意图】知道图像法的使用方法、步骤，能够对实际问题建构相应运动模型（匀速直线运动、匀变速直线运动、一般变速运动等），从而理解图像法是解决物理问题的一种手段。

（三）课外探究

对比分析以下三个图像的"轴""线""点""斜率""面积"相应的特点和物理意义。

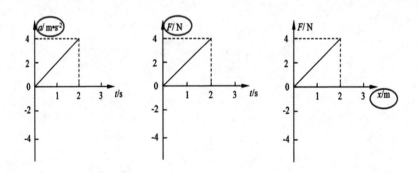

五、作业设计

1.一个物体沿着直线运动，其 v–t 图像如图所示。

（1）它在 1 s 末、4 s 末、7 s 末三个时刻的速度，哪个最大？哪个最小？

（2）它在 1 s 末、4 s 末、7 s 末三个时刻的速度方向是否相同？

（3）它在 1 s 末、4 s 末、7 s 末三个时刻的加速度，哪个最大？哪个最小？

（4）它在1s末和7s末的加速度方向是否相同？

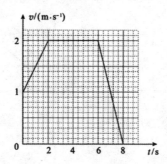

2. 阅读教材必修第一册P47内容。

六、作业答案及设计说明

1.（1）4s末速度最大，7s末速度最小。

（2）1s末、4s末速度相同，与7s末速度相反。

（3）7s末加速度最大，4s末加速度最小。

（4）1s末和7s末的加速度方向相反。

2. 体会"面积"在图像法中的作用。

设疑猜想　探究规律

——《伽利略对自由落体运动研究》微资源设计

北京市通州区教师研修中心　吴秀梅

一、内容说明

对应高中物理课程标准内容知识点：1.1.4 结合物理学史的相关内容，认识物理实验与科学推理在物理学研究中的作用。了解伽利略研究自由落体运动的实验和推理方法。

内容分析：通过学习伽利略对自由落体运动的研究思路和方法，了解科学研究历程的艰辛和重要的科学研究思路和方法。

二、教学目标分析

科学思维：伽利略对自由落体运动的研究思路和方法。

科学探究：知道伽利略对自由落体运动的研究思路和方法，体会实验验证＋合理外推的科学性。

科学态度与责任：通过了解伽利略对自由落体运动的研究思路和方法，知道科学的研究历程是艰辛的，要不断提出质疑。

三、教学重难点分析

教学重点：知道伽利略对自由落体运动的研究思路。

教学难点：知道伽利略对自由落体运动的研究方法。

四、教学过程

（一）发现问题

早在公元前 400 年，亚里士多德就对于物体的运动提出了这样的观点：物体下落的快慢和它的轻重有关，重的物体下落得快。

【设计意图】了解基本的物理学史。

（二）提出猜想

亚里士多德的观点是基于对生活的观察从而归纳总结出来的，影响深远，大约两千年。

伽利略认为亚里士多德的观点存在问题，于是提出：重的物体与轻的物体应该下落得同样快。伽利略的观点是逻辑推理反驳得出的。

伽利略根据亚里士多德的观点提出假设：重的物体下落快。如下列分析，最后得出矛盾的结论。

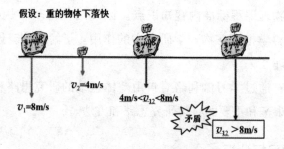

进一步猜想：物体下落的过程是一个速度随时间均匀增大的过程，其速度与时间成正比，即 $v \propto t$。

【设计意图】了解伽利略的逻辑推理反驳的思想。

（三）实验验证

一个由静止开始下落的小球到每个相等的时间间隔末，运动的距离之比为 $1：4：9：16$……这也完全证实了小球沿光滑斜面向下的运动符合 $x \propto t^2$，即 $v \propto t$，证实了斜面上滚下的小球速度与时间成正比的猜想。如果完全排除空气的阻力，那么，所有物体将下落得同样快。

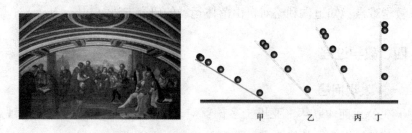

【设计意图】深化伽利略的实验研究方法。

（四）研究方法，总结归纳

逻辑推理反驳+阻力实验验证

↓

若无阻力影响，轻重物体下落一样快

↓

猜想推理+斜面实验+合理外推

↓

所有自由落体运动的加速度一样且不变

↓

开创推理与实验相结合的研究方法

【设计意图】对研究方法进行归纳概括。

五、作业设计

自行总结伽利略的研究思路和方法。网上查找"关于科学研究的一些重要的思想和方法"。

六、作业设计说明

深入理解伽利略的研究思路和方法。

抽取模型　科学推理

——《认识竖直上抛运动》微资源设计

首都师范大学附属中学通州校区　赵小双

一、内容说明

对应高中物理课程标准内容知识点： 1.1.3 能用公式、图像等方法描述匀变速直线运动，理解匀变速直线运动的规律，能运用其解决实际问题，体会科学思维中的抽象方法。

内容分析： 本节是对匀变速直线运动更加深入的理解和应用，是自由落体运动的延伸。在此之前学生掌握了匀变速直线运动的规律，能够处理比较简单的匀变速直线运动。而竖直上抛运动是一个匀变速往返运动，处理起来更加复杂，尤其是用统一公式描述竖直上抛运动的上升和下降阶段规律，对于学生来说理解起来比较困难。

二、教学目标分析

物理观念： 通过从研究对象受力情况出发分析其运动的过程，让学生建立起运动和相互作用的观念。

科学思维： 通过从实际情境中抽取物理模型，提升学生模型建构、科学推理能力。

科学探究： 通过对实际问题的处理过程，提高学生获取和处理信息，发现问题和多角度解决问题的能力。

科学态度与责任： 激发学生探索自然的内在动力，培养学生严谨认真的科学态度。

三、教学重难点分析

教学重点： 认识竖直上抛运动，掌握其运动规律和特点。

教学难点： 运用分阶段求解和矢量运算全程求解两种方法解决实际问题。

四、教学过程

（一）构建模型

1.情境创设：小丽和小胖乘坐热气球，小丽的热气球下通过绳子悬挂着一个重物，且热气球匀速上升，在距离地面某高度处，小丽突然剪断细绳，剪断后重物将如何运动？关于重物运动，如何建立模型？

2.引导学生从受力情况出发，抓住主要因素，忽略次要因素，构建出竖直上抛运动的模型。

【设计意图】通过生活最原始的情境，使学生学会建模，熟练建模。

（二）认识模型：竖直上抛运动及其特点和规律

1.条件：初速度竖直向上，只受重力。

2.性质：匀变速直线运动（折返运动），加速度恒为 g。

3.特点：对称性，下降过程是上升过程的逆过程。引导学生运用逆向思维从而总结出竖直上抛运动的对称性，并从时间对称和速度对称两个方面进行理解。

4.图像：引导学生运用图像更加直观地描述匀变速直线运动，并通过图像再次体会竖直上抛运动的对称性。

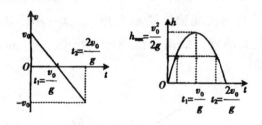

5.设问：建立竖直运动的模型后如何解决实际问题？思路有几种？

6.小结：两种思路，分阶段求解和矢量运算全程求解。

（1）分阶段求解

上升过程：末速度为0的匀减速直线运动。下降过程：自由落体运动。

（2）矢量运算全程求解：取向上为正，$a=-g$

速度公式：$v=v_0-gt$

位移公式：$h = v_0 t - \dfrac{1}{2} g t^2$

速度位移公式：$v^2 - v_0^2 = -2gh$

【设计意图】引导学生从运动特点、公式、图像多角度认识竖直上抛运动。

（三）应用模型解决实际问题

小丽和小胖乘坐热气球，小丽的热气球下通过绳子悬挂着一个重物，且热气球以 40m/s 的速度匀速上升，在距离地面 100m 处，小丽剪断细绳，问：剪断后重物多久落地？g 取 $10m/s^2$。

引导学生运用分阶段求解和矢量运算全过程求解两种方法解决问题，并进行总结和对比。

【设计意图】通过具体实例，帮助学生及时将所学知识加以应用，真正掌握竖直上抛运动问题的处理方法。

五、作业设计

1. 关于竖直上抛运动，下列说法中正确的是（　　　　）

A. 上升过程是减速运动，加速度越来越小；下降过程是加速运动

B. 上升时加速度小于下降时加速度

C. 在最高点速度为零，加速度也为零

D. 无论在上升过程、下落过程、最高点，物体的加速度都是 g

2. 在空中某点竖直上抛物体经 8s 落地，其 v–t 图像如图所示，抛出后经_____s 到达最大高度，最高点离地面高度是_____m，抛出点的高度是_____m。

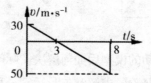

3. 一气球以 $v=4m/s$ 速度匀速上升，升至 64m 高处从气球上掉下一物体，求该物体下落至地面的时间。（空气阻力不计，$g=10m/s^2$）

4. 一小球竖直向上抛出，先后经过抛出点的上方 $h=5m$ 处的时间间隔 $\Delta t=2s$，则小球的初速度 v_0 为多少？小球从抛出到返回原处所经历的时间是

多少?

六、作业设计说明

四个练习题涉及对竖直上抛运动性质的理解、图像、运动规律计算、对称性应用。

【参考答案】1.D　2. 3；125；80　3.4s　4.$10\sqrt{2}$ m/s；$2\sqrt{2}$ s

微观角度　探索本质

——《认识摩擦力的本质》微资源设计

北京市通州区潞河中学　孙　航

一、内容说明

对应高中物理课程标准内容知识点：1.2.1 认识摩擦力。知道滑动摩擦和静摩擦现象，能用动摩擦因数计算滑动摩擦力的大小。

内容分析：本节课的主要目的是从微观角度来认识摩擦力的本质，因此无法直接利用实验现象去直观揭示摩擦力的本质，而更多需要借助抽象的物理模型来进行了解。因此一定程度上增加了学生们的思维难度。而关于摩擦本质的粘附说需要用到分子间作用力的概念，这对于学生们而言是一个新知识。

二、教学目标分析

物理观念：能从微观角度认识摩擦力的本质，能用摩擦力的本质学说解释一些生活现象。

科学思维：能将日常生活中的摩擦现象转化成关于摩擦力本质的相关模型。

科学探究：利用课外探究任务培养学生自己收集资料，设计探究实验的科学探究能力。

科学态度与责任：能认识到科学的发展是曲折的，不是一蹴而就的，仍然有很多科学问题等待着新一代的人们去解决。

三、教学重难点分析

教学重点：认识、了解解释摩擦力本质的两种主要学说。

教学难点：利用摩擦本质学说解释日常生活中的摩擦现象。

四、教学过程

（一）解释摩擦力本质的两种基本学说

1.凹凸啮合说：于15—18世纪提出，代表人物有达·芬奇、阿蒙顿、库仑。

（1）学说发展及主要观点

最早对摩擦力进行实验研究的代表人物是文艺复兴时期的达·芬奇。

他对表面光滑程度不同的物体的摩擦作了比较，提出物体间的摩擦大小取决于物体表面的粗糙程度，表面越粗糙，摩擦力越大，即物体表面的凹凸程度是产生摩擦的根本原因。

达·芬奇的这一想法后来被法国科学家阿蒙顿、库仑等人证实、补充逐步发展为一种学说——凹凸啮合说。该学说认为：物体表面无论经过何种加工，都必然留下或大或小的凹凸。当两个物体接触挤压时，接触面上很多凹凸部分就相互啮合。如果一个物体沿接触面滑动，两个接触面的凸起部分相互碰撞，产生断裂、磨损，就形成了对运动的阻碍，这就是摩擦力的本质。

（2）图片展示

看似表面光滑的物体在电子显微镜下的放大图片

图1 放大后的玻璃表面　　图2 放大后的头发　　图3 放大后的葡萄表皮

（3）动态模型演示

【设计意图】图片与模型的展示有助于帮助学生们更好地理解凹凸啮合说的观点。

（4）基于凹凸啮合说的经典摩擦定律

库仑–阿蒙顿定理：

①库仑摩擦第一定律：摩擦力跟作用在摩擦面上的正压力成正比，跟外

表的接触面积无关。这实际上就是阿蒙顿定律。

②库仑摩擦第二定律：滑动摩擦力和滑动速度大小无关。

③库仑摩擦第三定律：最大静摩擦力大于滑动摩擦力，即 $f_{静}>f_{滑}$。

④库仑二项式定律：这是反映摩擦力和负载之间的关系，即滑动摩擦力 $f_{滑}=\mu N+A$。

【设计意图】联系教材知识，让学生们清楚教材知识的由来以及理论基础。

2.分子粘附说：最早于1734年提出，代表人物有德萨左利厄斯、哈代、鲍登和泰博。

（1）学说发展及主要观点

1734年，英国物理学家德萨左利厄斯在《实验物理学教程》一书中最早提出了分子粘附说，把产生摩擦力的原因归为摩擦表面的分子力的作用，并由此推断"摩擦表面越是光滑，摩擦力应该越大"。

二百多年后，由于表面加工技术的进步，他的这一天才预言终于被英国科学家哈代的实验所证实。事实发现：当把两个金属物体表面抛得很光的时候，摩擦力反而会增大！

因此分子粘附说认为：表面光滑的物体充分增大物体之间的接触面积，使相互接触的物体间有更多的分子产生了分子引力，因而会阻碍物体的相对运动。

（2）模型演示

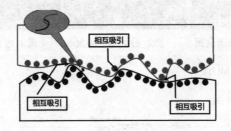

（3）学说后续发展

进入20世纪以来，由于电磁学说的建立，人们认识到摩擦力是电磁力在宏观上的一种复杂体现。对分子粘附说的再认识基本占据了20世纪摩擦研究的主流。20世纪50年代鲍登与泰博提出的摩擦粘附模型可以很好地解释各种因素对摩擦力的影响。但是微观上的精密分析有时候与宏观表现有所差别，所以研究时常做科学近似处理。

（4）对解释摩擦本质学说的总结

摩擦力的大小还和很多因素有关，如两个接触体的接触时间、接触面的温度、接触面的表面膜等。鉴于摩擦力本质的复杂性，为此诞生了一门研究摩擦、磨损、润滑三方面科学以及三者之间关系的学科——摩擦学。

目前没有统一的理论可以从微观上完全解释摩擦现象。但是随着现在摩擦学的发展，很多模型能分别应用于解释一些摩擦不同的微观原理。

【设计意图】对于摩擦力的本质的研究现状就是目前无法从微观上完全解释，只能用不同模型分别解释，这也正是为学生们指出了未来可以研究的方向。

（二）利用摩擦本质学说解释生活现象

举出利用摩擦力的两个生活实例：刷牙、刷鞋。

（三）课外探究建立模型，利用凹凸啮合说解释刷子去污的原理

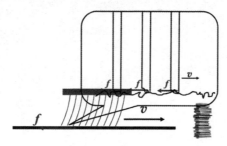

【设计意图】利用本质学说建模去解释生活现象，学以致用。

五、作业设计

教材中的经典摩擦定律认为动摩擦因数 μ 的大小只取决于接触面的材质与粗糙程度，而与其他因素无关。而现代科学则指出，μ 与正压力、温度、相对运动速度等因素都有关。

请你在网上查阅相关资料，并设计一组实验来探究相对运动速度对动摩擦因数 μ 的影响规律。

六、作业设计说明

现代科学研究表明，当物体的滑动速度大于 5m/s 时，摩擦力的大小与滑动速度有关，可以将物体拴挂于跑步机、滑板车、自行车等工具后达到高于 5m/s 的速度，利用控制变量法观察不同滑动速度下弹簧秤示数，研究动摩擦因数 μ 与相对运动速度的关系。

实验探究 等效替代

——《探究求合力的方法》微资源设计

北京市第二中学通州校区 王金华

一、内容说明

对应高中物理课程标准内容知识点：1.2.2 通过实验，了解力的合成与分解，知道矢量和标量。

内容分析：平行四边形定则是矢量合成的法则，所有的矢量如速度、加速度等合成都遵循这一法则。本节内容采用"等效替代"思想来理解合力与分力的概念，并在这一思想指导下，通过实验探究来体验"力的平行四边形定则"的发现过程。通过实例，理解合力与分力的概念，体会等效替换的思想；会进行同一直线上两个力的合成；通过探究互成角度的两个力的合成，认识力的合成的法则，从物理量运算的角度，提升对矢量和标量的认识。

二、教学目标分析

物理观念：理解合力与分力的概念，体会等效替换的思想；会进行同一直线上两个力的合成；通过探究互成角度的两个力的合成，认识力的合成的法则。

科学思维：通过实例，理解合力与分力的概念，体会等效替换的思想；通过实验方案的设计，促进力的平行四边形定则的发现与理解，从物理量运算的角度，提升对矢量和标量的认识。

科学探究：通过实验设计和探究体验"力的平行四边形定则"的发现过程，培养学生的科学探究能力。

科学态度与责任：通过力的合成与分解的研究与规律的发现，培养学生严谨的科学态度，逐步养成用科学方法与科学知识理解和解决实际问题的习惯。

三、教学重难点分析

教学重点：渗透"等效替代"的物理思想，理解合力与分力、力的合成的概念，探究求合力的方法。

教学难点：探究互成角度的两个力的合成。

四、教学过程

（一）引入新课

观察图片，结合生活经验思考：两位小孩对水桶施加的两个力与一位大人对水桶施加的一个力，就"提起水桶"这一作用效果而言，相同吗？它们可以相互替代吗？

【设计意图】利用图片，唤醒学生的生活经验。

（二）讲授新课

一、合力与分力

1.概念：一个力作用的效果跟几个力共同作用的效果相同，这个力叫作那几个力的合力。那几个力叫作这个力的分力。

2.关系：等效替代；不是物体又多受了一个合力。

【设计意图】体会等效替代的思想，理解合力与分力。

二、力的合成

1.定义：求几个力的合力的过程叫作力的合成。

2.同一直线上两个力的合成

（1）两分力共线同向

$$F_1 = 4\,\text{N}$$

O $\quad F_2 = 3\,\text{N}$ $\qquad F = F_1 + F_2 = 7\,\text{N}$

合力大小：$F = F_1 + F_2$，合力方向：与两力方向相同

（2）两分力共线反向向

$F_2 = 3\,\text{N}$ $\qquad F = F_1 - F_2 = 1\,\text{N}$

O $\qquad F_1 = 4\,\text{N}$

合力大小：$F = |F_1 - F_2|$，合力方向：与较大力的方向相同

【设计意图】理解力的合成，体会同一直线上两个力的合成。

思考：如何求互成角度的两个力的合力？

思考并设计一个实验探究合力 F 与互成角度的两个分力 F_1、F_2 的关系。

三、探究：互成角度的两个力的合成

1. 让两个弹簧秤有一定的夹角提起重物，读数。

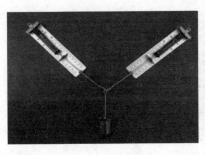

2. 用一个弹簧秤提起重物，读数。

【实验器材】两个弹簧秤、带绳套的橡皮筋、图板、图钉、白纸、刻度尺、量角器（三角板）。

【实验原理】

问题 1. 怎样保证合力与分力等效？橡皮筋与细绳套的结点都拉到相同的 O 点。

问题 2. 怎样知道力的大小？记录弹簧秤的读数。

问题 3. 如何确定力的方向？记录细绳套的方向。

【实验步骤】

（1）用两个弹簧秤互成角度地拉绳套，使橡皮筋伸长到一定的位置，记下结点的位置 O，画出两绳套的方向，记录两弹簧秤示数 F_1 和 F_2。

（2）用一个弹簧秤将橡皮筋拉伸，使结点仍拉到位置 O，画出绳套方向，记录弹簧秤示数 F。

（3）用相同标度作出 F_1、F_2 与合力 F，以 F_1 和 F_2 为邻边作出平行四边形，得到其对角线 F'，看 F' 和 F 是否完全重合。

【注意事项】

（1）弹簧秤使用先校零，使用时与板面平行。

（2）在满足合力不超过弹簧秤量程及橡皮条形变不超过弹性限度的条件下，应使拉力尽量大一些，以减小误差。

（3）画力的图示时，应选定恰当的标度，尽量使图画得大一些，但也不要太大而画出纸外。

（4）在同一次实验中，橡皮条拉长的结点 O 位置要相同。

【设计意图】认识到力是矢量，当它们的方向互成某一角度时，合力大小不再等于两分力大小之和。

五、作业设计

知识点一　合力与分力的概念

1. 如图所示，人拉着旅行箱前进，拉力 F 与水平方向成 α 角，若将拉力 F 沿水平和竖直方向分解，则它的竖直方向分力产生的作用效果是（　　　）

A. 增大了旅行箱对地面的压力　　B. 减小了旅行箱对对面的压力

C. 使旅行箱沿水平方向向右前进　　D. 使旅行箱沿水平方向向左前进

2. （多选）关于合力与其两个分力的关系，下列说法正确的是（　　　）

A. 合力的大小可能等于它的某一分力的大小

B. 当两个分力的夹角 θ 逐渐增加时，其合力逐渐变大

C. 有两个分力大小分别为 7 N 和 10 N，其合力大小可能为 5 N

D. 合力一定至少大于其中一个分力

知识点二 力的合成

3. 两个共点力的大小分别为 F_1=15 N，F_2=8 N，它们的合力大小不可能等于（ ）

A. 9 N   B. 25 N   C. 8 N   D. 21 N

知识点三 探究：互成角度的两个力的合成

4. 在探究"合成角度的两个力的合成"实验中所说的合力与两个分力具有相同的作用效果，是指下列说法中的（ ）

A. 弹簧秤的弹簧被拉长

B. 固定橡皮条的图钉受拉力产生形变

C. 细绳套受拉力产生形变

D. 使橡皮条在某一方向上伸长到某一长度

【参考答案】1. B 2. AC 3. B 4. D

矢量计算　归纳总结

——《平行四边形定则》微资源设计

北京市第二中学通州校区　史春鹤

一、内容说明

对应高中物理课程标准内容知识点：1.2.2 通过实验，了解力的合成与分解，知道矢量和标量。

内容分析：平行四边形定则是矢量合成法则，所有的矢量如速度、加速度等合成都遵循这一法则。本节课引导学生通过作图，认识平行四边形定则，并会用平行四边形表示合力和分力，能利用平行四边形定则进行合力的计算，并会进行矢量的计算，归纳总结，认识区分标量和矢量。

二、教学目标分析

物理观念：理解平行四边形定则，会利用平行四边形定则对力和位移等矢量进行相关计算，形成矢量概念和掌握矢量运算的法则。

科学思维：通过作图认识平行四边形定则，并会用平行四边形表示合力和分力，能利用平行四边形定则进行合力的计算，并会进行矢量的计算。

科学探究：作图分析，通过不同方法进行矢量的计算，理解矢量运算的特点。

科学态度与责任：理解矢量计算的法则，形成标量和矢量的概念，科学严谨地进行矢量计算。

三、教学重难点分析

教学重点：平行四边形定则，平行四边形定则的应用。

教学难点：平行四边形定则的应用，矢量的合成与分解。

四、教学过程

（一）引入新课

平行四边形定则：两个力合成时，以表示这两个力的线段为邻边作平行四边形，这两个邻边之间的对角线就代表合力的大小和方向。大小：长度；方向：角度。

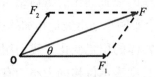

【设计意图】作图分析，认识平行四边形定则，理解如何利用平行四边形表示合力和分力。

（二）讲授新课

1. 平行四边形定则的应用

例题：力 $F_1 = 45\text{N}$，方向水平向右；力 $F_2 = 60\text{N}$，方向竖直向上。求这两个力的合力 F 的大小和方向。

（1）作图法（即力的图示法）求合力

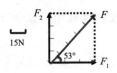

大小：由所取标度可得 $F = 15 \times 5\text{N} = 75\text{N}$；方向：与 F_1 成 53° 斜向右上方。

（2）计算法求合力

根据平行四边形定则作出下图：

由直角三角形知识可得合力大小：

$$F_合 = \sqrt{F_1^2 + F_2^2} = 75\text{N}$$

方向：与 F_1 成 $\tan\theta = 4/3$ 斜向右上方

【设计意图】作图分析，利用平行四边形求解合力，并进行数学计算和角度表示，掌握作图法和计算法求合力的方法。

2.矢量的合成与分解

请思考：一位同学从操场中心 A 出发，向北走了40 m，到达 C 点，然后又向东走了30 m，到达 B 点。用有向线段表明他第一次、第二次的位移和两次行走的合位移（即代表他的位置变化的最后结果的位移）。三个位移的大小各是多少？你能通过这个实例总结出矢量相加的法则吗？

引导思考位移：是指物体的位置变化，我们用初位置到末位置的有向线段表示位移。有向线段的长度表示位移的大小，有向线段的方向表示位移的方向。

第一次位移大小为：40m，方向向北

第二次位移大小为：30m，方向向东

两次的合位移大小为：50m，方向向东北

【设计意图】在分析和求解过程中，认识位移的矢量性，并会用平行四边形定则分析位移问题。

（三）归纳总结

1.三角形定则

两个矢量首尾相接，从第一个矢量的始端指向第二个矢量的末端的有向线段就表示合矢量的大小和方向。三角形定则与平行四边形定则实质一样。

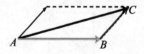

2.矢量和标量

矢量：既有大小，又有方向，相加时遵从平行四边形定则。

如：力、位移、速度、加速度等。

标量：只有大小，没有方向，求和时按照代数相加。

如：质量、时间、路程、速率等。

【设计意图】对比分析，认识三角形定则，理解矢量计算的法则，形成标量和矢量的概念，科学严谨地进行矢量计算。

五、作业设计

知识点一　平行四边形定则

1.两个大小相等的共点力 F_1 和 F_2，当它们之间的夹角为 $90°$ 时，合力大小为 $10\sqrt{2}$ N，则当它们之间的夹角为 $120°$ 时，合力的大小为（　　）

A.10 N　　　　　B.$10\sqrt{2}$ N　　　　　C.15 N　　　　　D.20 N

2.关于合力的下列说法，正确的是（　　）

A.几个力的合力就是这几个力的代数和

B.几个力的合力一定大于这几个力中的任何一个力

C.几个力的合力可能小于这几个力中最小的力

D.几个力的合力一定大于这几个力中最大的力

知识点二　平行四边形定则的应用

3.奥运会上，体操比赛吊环项目中有一个高难度的动作就是先双手撑住吊环，然后身体下移，双臂缓慢张开到如图所示位置。在运动员两手之间的距离缓慢增大的过程中，吊环的两根绳的拉力 F_T（两个拉力大小相等）及它们的合力 F 的大小变化情况为（　　）

A.F_T 增大　F 不变　　　　　B.F_T 增大　F 增大

C.F_T 增大　F 减小　　　　　D.F_T 减小　F 不变

知识点三　矢量的合成与分解

4.降落伞在下落一段时间后的运动是匀速的，无风时，某跳伞运动员的着地速度为 4m/s。现在由于受到沿水平方向向东 3m/s 的风速影响，跳伞运动员着地速度的大小为（　　）

A. 3m/s　　　　　B. 4m/s　　　　　C. 5m/s　　　　　D. 1m/s

【参考答案】1. A　2. C　3. A　4. C

自主构建　能力提升

——《合力大小与分力夹角的关系》微资源设计

北京市第二中学通州校区　王金华

一、内容说明

对应高中物理课程标准内容知识点： 1.2.2 通过实验，了解力的合成与分解，知道矢量和标量。

内容分析： 掌握合力与分力的概念，力的平行四边形定则，知道平行四边形定则是力的合成的基本规律；初步运用力的平行四边形定则求解力的合成，在过程中观察合力与分力的关系，得出合力大小的范围，合力的大小与分力夹角的关系。

二、教学目标分析

物理观念： 理解合力与分力的概念，认识力的平行四边形定则，理解矢量运算的法则，形成矢量概念。

科学思维： 通过利用平行四边形定则作图分析，理解合力大小与分力的关系，认识矢量运算的特点。

科学探究： 通过利用平行四边形定则作图分析，得出合力大小的范围，合力的大小与分力夹角的关系。

科学态度与责任： 通过作图分析，培养学生严谨的科学态度，逐步养成用科学方法与科学知识理解和解决实际问题的习惯。

三、教学重难点分析

教学重点： 平行四边形定则，合力大小的范围，合力的大小与分力夹角的关系。

教学难点： 合力的大小与分力夹角的关系。

四、教学过程

（一）引入新课

回忆平行四边形定则：两个力合成时，以表示这两个力的线段为邻边作平行四边形，这两个邻边之间的对角线就代表合力的大小和方向。

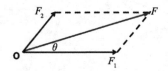

（二）讲授新课

1. 合力大小的范围

【思考问题】

（1）当两分力大小一定时，随着两力间夹角 θ 的增大，合力如何变化？什么时候合力最大？什么时候合力最小？你能总结出合力的取值范围吗？

（2）合力是否总大于每一个分力？合力是否可能大于其中的一个分力，小于另一个分力？合力是否可能都小于任一个分力？

【分析总结】

（1）F_1 和 F_2 大小不变时，夹角 θ 越大，合力就越小；$F_合$ 随 F_1 和 F_2 的夹角增大而减小。

（2）合力的取值范围：$\mid F_1 - F_2 \mid \leqslant F_合 \leqslant F_1 + F_2$

（3）$F_合$ 可能大于、等于或小于任一个分力。

【设计意图】讨论分力特点，理解合力大小的范围。

2. 图示法理解合力的大小与分力间夹角的关系

【动手画图】在两分力大小不变的情况下，增大两分力的夹角，利用平行四边形定则画出合力，并观察合力的变化。

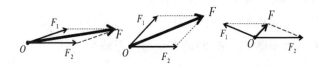

3. 公式法求解合力

（1）两分力相互垂直时

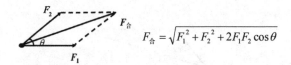

$$F_{合} = \sqrt{F_1^2 + F_2^2}$$

（2）两分力夹角为任意值时

$$F_{合} = \sqrt{F_1^2 + F_2^2 + 2F_1F_2\cos\theta}$$

4. 特殊共点力的合力

（1）大小相等、互成角度的两个力，其合力在这两个力的角平分线上。

（2）大小相等，互成 120° 的两个力，其合力在这两个力的角平分线上，且大小等于这两个力。

五、作业设计

知识点一 合力大小的范围

1. 大小分别是 30N 和 25N 的两个共点力，对于它们的合力大小的判断，下列说法中正确的是（   ）

A. $0 \leqslant F \leqslant 55N$ B. $25N \leqslant F \leqslant 30N$

C. $25N \leqslant F \leqslant 55N$ D. $5N \leqslant F \leqslant 55N$

知识点二 合力的大小与分力间夹角的关系

2. （多选）两个力的大小分别为 3N、5N，其合力大小可能是（   ）

A. 1N   B. 3N   C. 5N   D. 9N

3. （多选）两个共点力 F_1、F_2 的合力为 F，下列说法中正确的是（   ）

A. 合力 F 一定大于任一个分力

B. 合力的大小既可等于 F_1，也可等于 F_2

C. 合力 F 有可能小于任一个分力

D. 合力 F 的大小随 F_1、F_2 间的夹角增大而减小

知识点三 一类特殊共点力的合力

4. 两个共点力，大小都是 50 N，如果要使这两个力的合力也是 50 N，这

两个力之间的夹角应为（　　）

A. 30°　　　　B. 60°　　　　C. 120°　　　　D. 150°

5.（多选）小娟、小明两人共提一桶水匀速前行，如图所示，已知两人手臂上的拉力大小相等且为 F，两人手臂间的夹角为 θ，水和水桶的总重力为 G，则下列说法中正确的是（　　）

A. 当 θ 为 120° 时，$F=G$

B. 不管 θ 为何值，$F=\dfrac{G}{2}$

C. 当 $\theta=0°$ 时，$F=\dfrac{G}{2}$

D. θ 越大时 F 越小

【参考答案】1. D　2. BC　3. BCD　4 . C　5. AC

实例分析　把握因果

——《生活中力的合成与分解》微资源设计

北京市第二中学通州校区　史春鹤

一、内容说明

对应高中物理课程标准内容知识点：1.2.2 通过实验，了解力的合成与分解，知道矢量和标量。

内容分析：平行四边形定则是矢量合成法则，所有的矢量如速度、加速度等合成都遵循这一法则。本节内容采用力的合成与分解的思想来对物体进行受力分析，并进行力的合成与分解，解释生活中的引桥问题、推拉物体问题、斧刃问题等。引导学生体会物理源自对生活的观察，又应用于对实际问题的解释。

二、教学目标分析

物理观念：知道合力、分力、力的合成与分解等基本概念。

科学思维：会利用力的合成与分解的方法，分析物体的受力情况和特点。

科学探究：通过实例分析，讨论解释，培养学生的科学探究能力。

科学态度与责任：应用力的合成与分解分析生活中的相关问题，培养将物理知识应用于生产生活的实践意识。

三、教学重难点分析

教学重、难点：引桥问题分析，推拉物体问题分析，斧刃问题分析。

四、教学过程

（一）引入新课

观看图片，思考：上海南浦大桥，其桥面高达 46 米，主桥全长 846 米，引桥总长7500米，你知道为什么高大的桥要造很长的引桥吗？

【设计意图】利用图片，提出问题，激发学生探究的兴趣。

（二）讲授新课

一、引桥问题分析

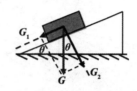

斜面上重力的分解，两个分力的大小为：$G_1 = G\sin\theta$　$G_2 = G\cos\theta$

分析：斜面倾角越小 G_1 越小

实例分析1：桥高一定，修建引桥很长目的是为了减小桥面的坡度，从而减小 G_1 对汽车上坡和下坡的影响，使行车方便和安全。

二、推拉物体问题分析

实例分析2：小明买了一皮箱，从用力的角度，你认为将皮箱推着走好，还是将皮箱拉着走好？

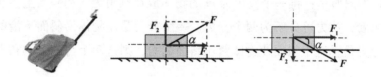

作图对比分析：拉着走，竖直向上的分力会减少皮箱和地面间的压力，从而减小摩擦力；推着走，竖直向下的分力会增大皮箱和地面间的压力，增大摩擦力。拉着走好！！！

三、斧刃问题分析

实例分析3：为什么斧刃、刀刃的夹角越小越锋利？

思考：合力一定，两等大分力随它们之间的夹角变化而如何变化？

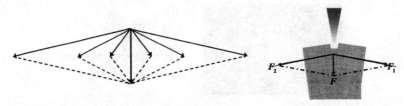

合力一定，分力随夹角增大而增大。

结论：斧头越锋利，斧刃的夹角越小、两个分力之间的夹角越大，分力越大。

【设计意图】理解力的分解，会根据作用效果将力进行分解，并分析斧刃、刀刃的相关问题，将物理知识应用于生活。

五、作业设计

知识点一　引桥问题分析

1. 如图所示：将一个质量为 m 的物体放在倾角为 α 的斜面上，从力的作用效果看，重力可分解为两个分力。一个分力是使物体沿斜面下滑的力，另一个分力是垂直于斜面使物体紧压斜面的力，则这两个力的大小和方向分别为（　　　）

A. $mg\sin\alpha$，沿斜面向下；$mg\sin\alpha$，垂直于斜面向下

B. $mg\cos\alpha$，沿斜面向下；$mg\cos\alpha$，垂直于斜面向下

C. $mg\cos\alpha$，沿斜面向下；$mg\sin\alpha$，垂直于斜面向下

D. $mg\sin\alpha$，沿斜面向下；$mg\cos\alpha$，垂直于斜面向下

知识点二 推拉物体问题分析

2. 如图所示，在粗糙水平面上有一质量为 m 的箱子，用与水平方向成 θ 角斜向上的力 F，拉箱子沿水平面做匀速运动。若箱子与水平面间的动摩擦因数为 μ，则箱子所受的摩擦力大小为（　　　）

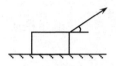

A. $F\sin\theta$　　　　B. $F\cos\theta$　　　　C. μmg　　　　D. $\mu(mg+F\sin\theta)$

知识点三 斧刃问题分析

3. 如图所示是山区村民用斧头劈柴的剖面图，图中 BC 边为斧头背，AB、AC 边是斧头的刃面，要使斧头更容易劈开木柴，则（　　　）

A. BC 边短一些，AB 边也短一些　　B. BC 边长一些，AB 边短一些

C. BC 边短一些，AB 边长一些　　D. BC 边长一些，AB 边也长一些

【**参考答案**】1. D　2. B　3. C

总结规律　掌握方法
——《力的正交分解》微资源设计

北京市第二中学通州校区　刘　佳

一、内容说明

对应高中物理课程标准内容知识点：1.2.2 了解力的合成与分解；能用共点力的平衡条件分析生产生活中的问题。

内容分析：正交分解法是力的合成和分解的一种重要方法，通过本节课的学习，学生知道力的正交分解法，理解正交分解法的优点；掌握利用正交分解法求多个力的合力的思路和方法；知道什么是物体处于平衡状态；知道共点力作用下物体的平衡条件；掌握利用正交分解法解决多个共点力作用下物体的平衡的问题。

二、教学目标分析

物理观念：理解正交分解法，会利用正交分解法求合力，理解平衡状态的概念，形成平衡状态的观念。

科学思维：能应用正交分解法求合力、解决平衡问题，促进综合分析和应用数学处理问题的能力。

科学探究：利用正交分解法求合力，探究生活中共点力平衡的现象。

科学态度与责任：应用斜拉物体等类似实例，引导学生关注生活中的物理问题，激发学生利用物理知识解决生活问题的兴趣。

三、教学重难点分析

教学重点：理解正交分解法，会利用正交分解法求合力，理解平衡状态的概念，形成平衡状态的观念。

教学难点：理解正交分解法。

四、教学过程

（一）引入新课

思考：若两个以上的力作用在一个物体上时如何求力？

【设计意图】提出问题，引出力的正交分解法。

（二）讲授新课

1. 正交分解法

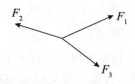

回忆多个力的合成：逐次合成法。

正交分解法：将力沿两个互相垂直的方向分解。

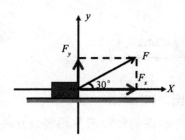

x 方向的分力：$F_x=F\cdot\cos\theta$ 　　　y 方向的分力：$F_y=F\cdot\sin\theta$

2. 应用：利用正交分解求合力

（1）建立 xoy 直角坐标系

（2）沿 xoy 轴将各力分解

（3）求 xy 轴上的合力 F_x、F_y

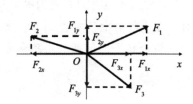 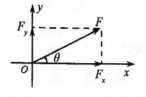

（4）最后求 F_x 和 F_y 的合力 F

大小：$F = \sqrt{F_x^2 + F_y^2}$

方向：$\tan\theta = \dfrac{F_y}{F_x}$（与 X 轴夹角）

【设计意图】理解利用正交分解求合力的步骤，知道 "分" 是为了最终的 "合"；作图分析，求出合力的大小和方向。

3.应用：分析力学平衡状态问题

平衡状态：物体处于静止状态或匀速直线运动状态

平衡条件是：合力为零，即 $F_合 = 0$

例题：木箱重 500 N，放在水平地面上，一个人用大小为 200 N 与水平方向成 30° 角向上的力拉木箱，木箱沿地平面匀速运动，求木箱受到的摩擦力和地面所受的压力。

解：画出物体受力图，如图所示

把力 F 分解为沿水平方向的分力 F_1 和沿竖直方向的分力 F_2

由于物体处于平衡状态，

水平方向 $F_1 - F_f = 0$

$F_f = F\cos 30°$，$F_f = 173.2\,\text{N}$

竖直方向 $F_N + F_2 - G = 0$

$F_N = G - F\sin 30°$，$F_N = 400\,\text{N}$

因此木箱受到的摩擦力大小为 $F_f = 173.2\,\text{N}$，摩擦力的方向为水平向左。地面所受的压力的大小为 $F_N = 400\,\text{N}$，压力的方向为竖直向下。

【设计意图】对物体进行受力分析，理解分析平衡问题的思路和方法。

（三）总结归纳

分析力学平衡状态问题的思路：

1. 明确研究对象

2. 对研究对象进行受力分析

3. 建立坐标系，对力进行正交分解

4. 列方程求解，并对结果进行说明

五、作业设计

知识点一　正交分解法

1.如图所示，在粗糙水平面上有一质量为 m 的箱子，用与水平方向成 θ 角斜向上的力 F，拉箱子沿水平面做匀速运动。若箱子与水平面间的动摩擦因数为 μ，则箱子所受的摩擦力大小为（　　　）

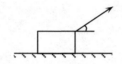

A. $F\sin\theta$　　　　　B. $F\cos\theta$　　　　　C. μmg　　　　　D. $\mu(mg+F\sin\theta)$

知识点二　应用：利用正交分解求合力

2.(多选)如图所示，重力为 G 的小孩沿斜面匀速下滑，小孩受力如图所示，则这些力之间的大小关系是（　　　）

A. $N=G\cos\theta$　　　　B. $f=G\sin\theta$　　　　C. $N+f=G$　　　　D. $G^2=N^2+f^2$

知识点三　应用：分析力学平衡状态问题

3.如图所示，三段不可伸长的细绳，OA、OB、OC 能承受的最大拉力相同，它们共同悬挂一重物，其中 OB 是水平的，A 端、B 端固定在水平天花板上和竖直墙上，若逐渐增加 C 端所挂重物的质量，则最先断的绳是（　　　）

A. 必定是 *OC*

B. 必定是 *OB*

C. 必定是 *OA*

D. 可能是 *OB*，也可能是 *OC*

【**参考答案**】1. B   2. ABD   3. C

深入浅出　联系本质

——《共点力作用下的动态平衡》微资源设计

北京市通州区潞河中学　赵　芳

一、内容说明

对应高中物理课程标准内容知识点： 1.2.2 能用共点力的平衡条件分析生产生活中的问题。

内容分析： 动态平衡属于共点力平衡问题中难度较大的问题，本节课首先用图解法来处理动态平衡问题，比较平行四边形法和三角形法的异同，挖掘不同解题方法之间的本质联系，深入浅出；接着用相似三角形法处理一类问题，找出空间几何三角形和力的三角形之间的联系；最后，用解析法处理多力受力平衡问题。

二、教学目标分析

物理观念： 知道什么是动态平衡，能根据物体的状态进行受力分析。

科学思维： 在处理动态平衡的问题过程中，了解物理学的研究方法，学会分析问题，总结问题，更进一步体会图像法、三角函数在物理中的应用。

科学探究： 能判断角度变化带来三角函数的变化趋势，画图中能根据"不变"确定"变化"趋势，能在比较不同方法的异同时，挖掘物理规律之间的内在联系。

科学态度与责任： 通过对物体处于动态平衡状态的受力分析，尝试用多种方法解题，让学生在解决困难的过程中发展对科学的好奇心与求知欲，能体验探索自然规律的艰辛与喜悦。

三、教学重难点分析

教学重点： 对处于动态平衡状态下的物体的受力分析。

教学难点： 如何恰当地选择处理动态平衡问题的方法。

四、教学过程

（一）引入新课

动态平衡是指通过控制某一物理量，使物体的状态缓慢变化，变化过程中可认为物体的加速度和速度始终为零，物体处于一系列的平衡状态。

（二）讲授新课

1.图解法

（1）什么是图解法：通过做研究对象的受力图，根据合成分解的示意图由图中线段长度变化来讨论力大小的变化。

例1：如图所示，用 OA、OB 两根轻绳将物体悬于两竖直墙之间，开始时 OB 绳水平。现保持 O 点位置不变，改变 OB 绳长使绳末端由 B 点缓慢上移至 B' 点，此时 OB' 与 OA 之间的夹角 $\theta < 90°$。设此过程中 OA、OB 的拉力分别为 F_{OA}、F_{OB}，下列说法正确的是（　　　）

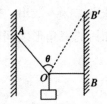

A. F_{OA} 逐渐增大　B. F_{OA} 逐渐减小　C. F_{OB} 逐渐增大　D. F_{OB} 逐渐减小

（2）用画平行四边形的方法解题

①对结点 O 进行受力分析，画受力分析图，如图1所示。

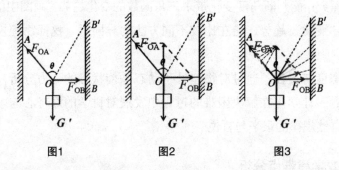

图1　　　　　图2　　　　　图3

②明确在动态平衡中的变化量与不变量，F_{OA} 和 F_{OB} 的合力是恒力，方向与重力等大反向，则做出此合力来，如图2所示，F_{OA} 的方向不变，F_{OB} 大小、

方向均变化。

③将 B 点缓慢上移至 B' 点，画出每微调一点 F_{OA} 和 F_{OB} 的变化情况，根据图中线段长度的变化判断各力变化情况。如图 3 所示。

④得出结论，F_{OA} 先始终变小，F_{OB} 先变小后变大，答案为 B。

（3）用画三角形的方法解题

①将三根绳子拉力放在同一个三角形中，如图 1 所示。

②明确在动态平衡中的变化量与不变量，F 是恒力，F_{OA} 的方向不变，F_{OB} 大小、方向均变化。

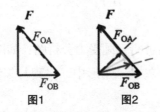

图1　　　　图2

③将 B 点缓慢上移至 B' 点，画出每微调一点 F_{OA} 和 F_{OB} 的变化情况，根据图中线段长度变化判断各力变化情况。如图 2 所示。

④得出结论，答案为 B。

（4）从上面的分析中可以看出，平行四边形法和三角形法本质相同，三角形法是平行四边形法的总结提升。

（5）总结图解法适用情况：物体只受三个力作用，且其中一个力是恒力，另一个力的方向不变，第三个力大小、方向均变化。

图解法方法总结：

①受力分析，将三力放在同一个平行四边形中（或同一个三角形中）。

②明确三个力的大小方向是否变化，画示意图。

③由图中线段长度变化来判断力大小的变化情况。

2. 相似三角形法

（1）什么是相似三角形法：在共点力的平衡问题中，已知某力的大小及绳、杆等模型的长度、高度等，常用力的三角形与几何三角形相似的比例关系求解。

例2：如图所示，固定在水平面上的光滑半球，球心 O 的正上方固定一个小定滑轮，细绳的一端拴一个小球，小球置于半球面上的 A 点，另一端绕过定滑轮。现缓慢拉绳使小球从 A 点滑向半球顶点（未到顶点），则此过程中，半球对小球的支持力 F_N 大小及细绳的拉力 F_T 大小的变化情况是（　　　）

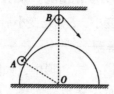

A.F_N 变大，F_T 变大　　　　B.F_N 变小，F_T 变大

C.F_N 不变，F_T 变小　　　　D.F_N 变大，F_T 变小

（2）解题突破

①对结点 O 进行受力分析，画受力分析图，如图1所示。

②将三力放在同一个矢量三角形中，找到与矢量三角形相似的空间几何三角形，如图2所示。

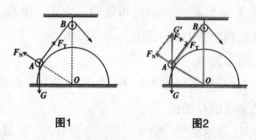

图1　　　　　　　　图2

③可以看出力的三角形 AF_NF_T 和空间几何三角形 OAB 相似，根据对应边成比例，$\dfrac{F_N}{OA} = \dfrac{F_T}{AB} = \dfrac{G'}{OB}$。

④由于 G' 和 OB 都不变，则比值不变，因为 OA 不变，则 F_N 不变，因为 AB 变小，则 F_T 变小。

⑤得出结论，答案为 C。

（3）总结相似三角形法适用条件：在三力平衡问题中，如果有一个力是恒力，另外两个力方向都变化，且题目给出了空间几何关系，满足力的矢量三角形与空间几何三角形相似，可利用相似三角形对应边成比例进行计算。

相似三角形法方法总结：

①受力分析，将三力放在同一个矢量三角形中。

②找到与矢量三角形相似的空间几何三角形（可适当添加辅助线）。

③根据相似三角形三条对应边的比例关系求解。

3. 解析法

（1）什么是解析法：当物体受力情况较为复杂，可通过对物体进行受力分析并建立平衡方程的方式求解。

例3：如图所示，与水平方向成 θ 角的推力 F 作用在物块上，随着 θ 逐渐减小直到水平的过程中，物块始终沿水平面做匀速直线运动。关于物块受到的外力，下列判断正确的是（　　）

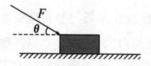

A. 推力 F 先增大后减小　　B. 物块受摩擦力先减小后增大

C. 推力 F 一直减小　　　　D. 物块受到的摩擦力一直不变

（2）解题突破

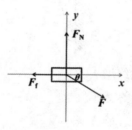

①对研究对象进行受力分析，先画出受力示意图。

②建立平面直角坐标系

分解 F 得：$F_x = F\cos\theta,\ F_y = F\sin\theta$

由平衡条件　$F\cos\theta - F_f = 0$

$F_N - (mg + F\sin\theta) = 0$

又 $F_f = \mu F_N$

$F_f = \mu F_N = \mu (mg + F\sin\theta)$

联立可得　$F = \dfrac{\mu mg}{\cos\theta - \mu\sin\theta}$

③由于 θ 减小，$\cos\theta$ 增大，$\sin\theta$ 减小，则 F 减小，摩擦力减小。

④得出结论，答案为 C。

（3）总结解析法适用条件：在物体受到多个力的平衡问题中，可以建立平面直角坐标系，通过列 x、y 方向的平衡方程的方式进行求解。

（4）解析法方法总结

①对研究对象进行受力分析，先画出受力示意图。

②建立平面直角坐标系，列平衡方程求未知量与已知量的关系表达式。

③根据已知的变化情况确定未知量的变化情况。

五、作业设计

1.如图所示，一小球放置在木板与竖直墙面之间。设墙面对球的支持力大小为 F_{N1}，木板对球的支持力大小为 F_{N2}。以木板与墙连接点所形成的水平直线为轴，将木板从图示位置开始缓慢地转到水平位置。不计摩擦，在此过程中（   ）

A.F_{N1} 始终减小，F_{N2} 始终增大

B.F_{N1} 始终减小，F_{N2} 始终减小

C.F_{N1} 先增大后减小，F_{N2} 始终减小

D.F_{N1} 先增大后减小，F_{N2} 先减小后增大

2.一轻杆 BO，其 O 端用光滑铰链固定在竖直轻杆 AO 上，B 端挂一重物，且系一细绳，细绳跨过杆顶 A 处的光滑小滑轮，用力 F 拉住，如图所示。现将细绳缓慢往左拉，使杆 BO 与杆 AO 间的夹角 θ 逐渐减小，则在此过程中，拉力 F 及杆 BO 提供的支持力 F_N 的大小变化情况是（   ）

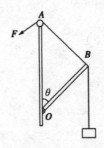

A.F_N 先减小，后增大　　　　　B.F_N 始终不变

C.F 先减小，后增大　　　　　　D.F 始终不变

3.（多选）如图所示，人站在岸上通过定滑轮用绳牵引小船，若水的阻力不变，则船在匀速靠岸的过程中，下列说法正确的是（　　　）

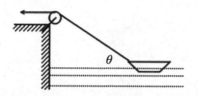

A.船受的浮力不断增大　　　　B.船受的浮力不断减小

C.绳的拉力保持不变　　　　　D.绳的拉力不断增大

六、题目说明

本作业共设计三个题目，分别对应教学过程中的三种解决动态平衡问题的方法，以达到针对训练的目的。

【答案详解】

1. B

（1）受力分析，做出 F_{N1} 和 F_{N2} 的合力 F'，将三力放在同一个三角形中。

（2）明确三个力的大小、方向是否变化，F' 不变，F_{N1} 的方向不变，大小变化；F_{N2} 的大小、方向均变化，画示意图。

（3）由图中线段长度变化来判断力大小的变化情况可知 F_{N1} 和 F_{N2} 都是始终减小。

2. B

（1）对结点 O 进行受力分析，画受力分析图，如图所示。

（2）可以看出力的三角形 FF_NF' 和空间几何三角形 AOB 相似，根据三角形相似关系可得 $\dfrac{F_N}{OB} = \dfrac{F}{AB} = \dfrac{F'}{OA}$。

（3）根据比值不变 F_N 不变，F 变小。

3. BD

（1）对研究对象进行受力分析，先画出受力示意图。

（2）建立平面直角坐标系，由平衡条件

$$f - F_{\text{T}}\cos\theta = 0 \qquad F_{浮} + F_{\text{T}}\sin\theta - mg = 0 \qquad 又 f 保持不变$$

$$联立可得 F_{\text{T}} = \frac{f}{\cos\theta} \qquad F_{浮} = mg - F_{\text{T}}\sin\theta$$

（3）船靠岸，θ 增大，拉力增大，浮力减小。

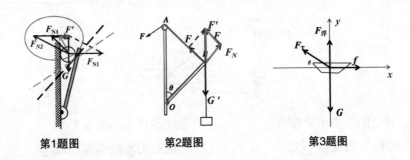

第1题图　　　　　　　第2题图　　　　　　　第3题图

浓墨重彩 辩证看待

——《牛顿第一定律形成的物理学史（亚里士多德）》微资源设计

北京市第二中学通州校区 刘 佳

一、内容说明

对应高中物理课程标准内容知识点： 1.2.3 理解牛顿运动定律，能用牛顿运动定律解释生产生活中的有关现象、解决有关问题。

内容分析： 关于亚里士多德对力与运动的观点在教材中介绍不多，在课堂上老师也不会多加介绍，此节微课浓墨重彩地介绍关于亚里士多德的生平和他在物理学上的贡献及对力和运动的研究观点，对学生课堂学习是一个补充，辩证地看待亚里士多德的伟大之处。

二、教学目标分析

物理观念： 认识亚里士多德和他的朴素运动观，引导学生有些问题不能只凭经验得出结论。

科学思维： 引导学生认识受迫运动原因的实质，培养学生科学的思维能力。

科学探究： 认识亚里士多德和他的朴素运动观，引导学生有些问题不能只凭经验得出结论。

科学态度与责任： 了解亚里士多德的生平和他在物理学上的贡献，扭转在学生心中对亚里士多德的错误认识。

三、教学重难点分析

教学重点： 认识亚里士多德和他的朴素运动观。

教学难点： 引导学生认识受迫运动原因的实质。

四、教学过程

（一）引入新课

在必修一第一章我们研究了物体的运动即运动学，第二章我们研究了物体的受力即力学，物体的运动和物体受到的力之间有什么关系呢？

此节课，让我们一起"重现"力和运动关系这段物理思想的形成过程，即牛顿第一定律的物理学史，沿着"历史的足迹"走走这条路。首先，让我们认识"引路者——亚里士多德"。

【设计意图】让学生了解力和运动关系这段物理思想的形成过程，即牛顿第一定律的物理学史。

（二）讲授新课

1.介绍亚里士多德

亚里士多德，古希腊人，世界古代史上伟大的哲学家、科学家和教育家之一，堪称希腊哲学的集大成者。他是柏拉图的学生、亚历山大的老师。

亚里士多德一生勤奋治学，从事的学术研究涉及逻辑学、修辞学、物理学、生物学、教育学、心理学、政治学、经济学、美学、博物学等，写下了大量的著作，他的著作是古代的百科全书。

他的思想对人类产生了深远的影响。他创立了形式逻辑学，丰富和发展了哲学的各个分支学科，对科学等作出了巨大的贡献，是最早论证地球是球形的人。

2.亚里士多德的运动观

亚里士多德关于物理学的思想深刻地塑造了中世纪的学术思想，其影响力延伸到了文艺复兴时期，虽然最终被牛顿物理学取代。但他却是人们对力和运动的研究的引路者，才使得后人去探路、铺路和开拓创新。

他观察了大量物体的运动，经过思考，把运动分成两类，一类是自然运动，另外一类是受迫运动。

自然运动：每个物体都有自己的固有位置，比如，火的自然位置在上，土的自然位置在下，气和水在中间。偏离固有位置的物体将趋向固有位置运动。地上物体的自然运动沿直线，轻者上升，重者下降；天体的自然运动永恒地沿着圆周进行。

受迫运动：物体的运动是在推或拉的外力作用下发生的。没有外力，物体就会停止。

3.引导学生认识受迫运动原因的实质

亚里士多德的伟大之处在于，他在寻找运动的原因时跟推或拉的外力建立起了关系。

小实验：用力推动桌面上放置的物品，施力物动，撤力物停。

有推力时	无推力时
运动状态：运动	运动状态：静止

【设计意图】学生可以根据手边的物品，完成小实验，体会施力物动，撤力物停。

他的假设是建立在日常经验上的。若你看到一个东西在移动，你就会寻找一个推动它的东西。当没什么东西推它时，它就会停止移动，是一个推着一个，能无限制地追溯上去，"必然存在第一推动者"（演示推动一排积木过程）。中古世纪的基督教说"第一推动者"就是指上帝，并将亚里士多德的学说与基督教教义结合。这样的结合让亚里士多德的学说成为权威学说。

举例：风过树摆，风停树静；蹬车前进，不蹬停止。

因此，他总结的受迫运动原因的实质是：运动需要力来维持，力是维持物体运动的原因。他的依据就是观察加直觉。

4.激发学生的潜意识，启发学生思考

亚里士多德的运动观听起来很有道理。事实上这个观点是没有学过物理的人的一种朴素的运动观。这种观点从公元前4世纪诞生起，两千年里没人质疑，一直到了16世纪，欧洲大学里物理讲的还是这种观点，可见亚里士多德对物理学的影响是如此深远。

爱因斯坦曾把一代代科学家探索自然奥秘的努力，比作福尔摩斯侦探小说中的破案过程，有时候明显可见的线索却常常把人们引向错误的判断。也就是说，光凭经验来做判断往往是不可靠的，在探索"物体运动原因"的这个问题上，亚里士多德正是由于凭直觉加经验才得出了错误的结论。

举例：生活中还有这样的现象，足球运动员将足球踢飞后，足球依然能在空中飞行运动，但它已经离开了运动员的脚，运动员对球不再施加力的作用，球飞行说明不需要力来维持它的运动。

那前边所说的撤力物体停下来的原因在哪儿呢?

导致亚里士多德错误观点的根本原因就是他没有认识到摩擦阻力的存在。

(三)总结提升

虽然亚里士多德的错误观点影响深远,但我们必须承认他的伟大,没有他引路来研究力和运动的关系,也许就不会有现代科学,因此我们要实事求是地对待历史,科学客观地评价古人的成就。

亚里士多德在教育学上的思想是:"立法者应该把主要精力放在教育青年上;忽视教育必然危及国本。"他的教育思想显然是超前的,在他生活的年代还没有公共教育。因此我们要感谢他对教育的重视,才使得我们在现代能受到这么良好的教育。

再给大家推荐一本书《亚里士多德的智慧》,感兴趣的同学读一读,更深层次地了解亚里士多德及他在其他各个领域的思想观点。最后让我们向亚里士多德致敬。

【设计意图】全面了解亚里士多德对物理学的突出贡献,实事求是地对待历史,科学客观地评价古人的成就。

五、作业设计

阅读《亚里士多德的智慧》或《亚里士多德全集》。

六、设计说明

使学生全面了解亚里士多德对物理学的突出贡献，实事求是地对待历史，科学客观地评价古人的成就。

理想实验　创立方法

——《牛顿第一定律形成的物理学史（伽利略和笛卡尔）》微资源设计

北京市第二中学通州校区　刘　佳

一、内容说明

对应高中物理课程标准内容知识点：1.2.3 理解牛顿运动定律，能用牛顿运动定律解释生产生活中的有关现象、解决有关问题。

内容分析：伽利略创立方法，引导方向；笛卡尔补充完善，深化认识。突出历史的研究过程，了解人物的伟大之处，对比伽利略和笛卡尔补充的观点，了解补充之处。

二、教学目标分析

物理观念：在学生已有认识和生活实践的基础上，纠正一些片面、不恰当的认识，进一步深化和提高对力和运动关系问题的认识；了解历史人物的伟大之处。

科学思维：体会伽利略的研究方法：质疑—猜想—实验—推理—结论；依据是可靠事实加思维推理。

科学探究：探究理想斜面实验。

科学态度与责任：通过对牛顿第一定律建立的历史过程的了解，体会到科学探究的长期性和艰巨性及科学家们不迷信权威、勇于探索真理的精神。

三、教学重难点分析

教学重点：在学生已有认识和生活实践的基础上，纠正一些片面、不恰当的认识，进一步深化和提高对力和运动关系问题的认识。

教学难点：体会伽利略的研究方法：质疑—猜想—实验—推理—结论；依据是可靠事实加思维推理。

四、教学过程

（一）引入新课

此节课，我们来认识"牛顿第一定律"的"铺路者——伽利略和笛卡尔"。

【设计意图】物理学史教育是物理教学中的一个重要环节，也是当前素质教育的需要。物理教学不仅要教授学生物理知识，更要把相关的历史背景介绍给学生，让学生能够在物理学历史背景下对物理知识进行"重现"。

（二）讲授新课

1.伽利略的研究

（1）介绍伽利略

意大利数学家、物理学家、天文学家，科学革命的先驱。为了证实和传播哥白尼的日心说，伽利略献出了毕生精力。由此受到教会迫害，并被终身监禁。伽利略发明了摆针和温度计，他开创了以实验事实为根据并具有严密逻辑体系的近代科学，是近代实验科学的奠基人之一。

（2）质疑（观察）

伽利略对力和运动研究的切入点是：原来运动的物体之所以停下来难道真的是没有力的作用吗？答案是否定的。原来运动的物体之所以停下来，是因为有摩擦力或空气、水等流体的阻力作用的结果。

（3）假设与猜想

初中做过的实验，让小车每次从斜面上的相同高度自由滑下，水平面上依次是毛巾表面、面部表面和木板表面，那么在水平面上滑过的距离不同，表面越光滑，小木块滑得越远。那么如果没有摩擦阻力、流体阻力的影响，在水平面上运动的物体将会一直运动下去。

现实生活中不可能没有摩擦阻力、流体阻力的影响，因此，"在水平面上运动的物体将会一直运动下去"是我们的猜想。

（4）理想实验

这种猜想到底正确与否，怎么研究呢？

【演示】伽利略看到让小球从某一高度开始摆动，小球通过最低点后会摆动与释放位置大体等高的位置，然后改变实验条件，在悬点正下方钉一个钉子来改变摆长，进行多次实验，得到：如果没有空气阻力，小球由静止释放将会运动到与原来等高的位置。

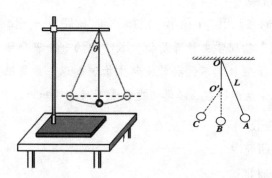

由此激发伽利略的灵感，伽利略设计了一个对接斜面实验。有两个斜面，用一个小球放到左边的斜面上，放手后小球从左边斜面上滚下后滚到右边的斜面上。在有摩擦力的情况下，到达右边斜面的高度比左边的释放高度要低。

伽利略设计的实验：实验装置同上，实验时若没有摩擦力（当然没有摩擦力是不可能的，所以他的实验是想象中的理想实验），把小球放到左边斜面的某一个高度，放手后由于有加速的原因，所以小球会从斜面上滚下，越滚越快；到右边斜面时，由于有减速的原因，小球会越滚越慢。在没有摩擦力的情况下，小球应达到和左边的释放的等高度处。

改变右边斜面的倾角，倾角变小，小球要达到同样的高度，要在斜面上走更远的距离。当右边倾角为零时，小球将一直滚下去永远达不到左边的释放高度，这个速度将保持不变。

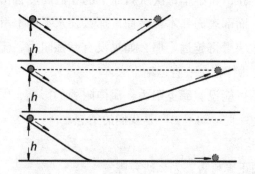

（5）体会伽利略的科学研究方法

想想看，在研究落体运动时我们就把亚里士多德和伽利略这两位伟人的观点进行了对比，现在他们关于力和运动关系的观点又摆在了一起。之所以伽利略能够超越前人的认识，原因之一就是他在研究方法上与亚里士多德不同。

总结伽利略的研究方法：质疑—猜想—实验—推理—结论；依据是可靠事实加思维推理。

伽利略的这个实验，是在事实的基础上经过合理的外推的理想实验。这个实验虽然是个理想实验，却是符合科学道理的。

从公元前4世纪到16世纪末之间有两千年，自然科学踯躅不前。而从伽利略到今天，大师辈出，不过几百年的时间，对运动问题的研究深入延续下去，开创了力学和全部物理学，乃至于整个现代科学。

伽利略在总结自己的科学研究方法时说过，"这是第一次为新的方法打开了大门，这种将带来大量奇妙成果的新方法，在未来的年代里，会博得许多人的重视。"爱因斯坦对伽利略的评价：伽利略的发现以及他所应用的科学的推理方法是人类思想史上最伟大的成就之一，而且标志着物理学的真正开端。

【设计意图】在牛顿第一定律的教学中，由于日常生活中没有那种完全不受力的状态，学生难以在脑海里构建相应的物理情境，因此在认识上还存在模糊的地方。如果在教学中能呈现历史上关于这个问题上的各种不同观点，通过亚里士多德、伽利略到笛卡尔再到牛顿这根主线，让学生"重现"这段物理思想的形成过程，以正确的物理图景取代以前模棱两可的观点，学生就自然而然地纠正了以前错误的认识。

2.笛卡尔的补充

介绍笛卡尔：法国哲学家、科学家和数学家，因将几何坐标体系公式化而被认为是解析几何之父。

伽利略研究了运动物体在不受力时，将以恒定不变的速度永远运动下去。但是他只得出了匀速的结论，没有研究物体的轨迹如何。跟伽利略同时代的笛卡尔，补充完善了伽利略的观点：如果运动中的物体没有受到力的作用，它将继续以同一速度沿同一直线运动，既不停下来也不偏离原来的方向。伽利略和笛卡尔的结论结合起来，即：运动物体如果不受力，将永远做匀速直线运动。

（三）对比小结

对比两个人的运动观点：笛卡尔的补充没有了水平面的限制，增加了物体的运动方向也不会发生改变。

【设计意图】要让学生意识到：一个规律的发现并不是一帆风顺的，不是一开始的认识就是正确的，而是需要人类不断探索才能逐步形成，科学家的科学研究过程是极其艰难的，付出的不单纯是心血和努力，有时甚至要用生命作为代价！

五、作业设计

1.下列对运动的认识不正确的是（　　　）

A.亚里士多德认为必须有力作用在物体上,物体才能运动,没有力的作用,物体就静止

B.伽利略认为如果完全排除空气的阻力，所有的物体将下落得同样快

C.牛顿认为力不是维持物体运动的原因，而是改变物体运动状态的原因

D.伽利略根据理想实验推出，若没有摩擦，在水平面上运动的物体将保持其速度继续运动下去

2.科学思维和科学方法是我们认识世界的基本手段。在研究和解决问题的过程中，不仅需要相应的知识，还需要运用科学的方法。理想实验有时更能深刻地反映自然规律，伽利略设想了一个理想实验，如图所示，其中有一个是经验事实，其余是推论。

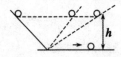

①减小第二个斜面的倾角，小球在这个斜面上仍然要达到原来的高度。

②两个对接的斜面，让静止的小球沿一个斜面滚下，小球将滚上另一个斜面。

③如果没有摩擦，小球将上升到原来释放的高度。

④继续减小第二个斜面的倾角，最后使它成水平面，小球要沿水平面做持续的匀速运动。

请将上述理想实验的设想步骤按照正确的顺序排列_____（只填写序号即可）。在上述的设想步骤中，有的属于可靠的事实，有的则是理想化的推论，下列有关事实和推论的分类正确的是（　　　）

A.①是事实，②③④是推论　　　B.②是事实，①③④是推论

C.③是事实，①②④是推论　　　D.④是事实，①②③是推论

3.自制简单的斜面（有条件的可用自制气垫导轨以减小摩擦阻力）观察实验现象。

4.选读伽利略的著作《星际使者》和《关于两门新科学的谈话和数学证明》。

【参考答案】1. A　　2.②③①④ B

理论支柱　改变史观

——《牛顿第一定律形成的物理学史（牛顿）》微资源设计

北京市第二中学通州校区　刘　佳

一、内容说明

对应高中物理课程标准内容知识点： 1.2.3 理解牛顿运动定律，能用牛顿运动定律解释生产生活中的有关现象、解决有关问题。

内容分析： 牛顿第一定律是牛顿运动定律的基石，正是因为它破除了长达近两千年的亚里士多德的错误，改变了人类的自然观和世界观，才导致牛顿第二定律的得出。与此同时，它本身还包含力、惯性和参考系这些极富成果的科学概念，成为物理学理论的支柱。

二、教学目标分析

物理观念： 牛顿系统总结，得出牛顿第一定律的内容和意义，明确内涵。

科学思维： "重现"物理思想形成过程，以正确的物理图景取代模棱两可的观点。

科学探究： 突出牛顿的伟大之处，明确牛顿第一定律产生的史实过程。

科学态度与责任： 通过对牛顿第一定律建立的历史过程的了解，体会到科学探究的长期性和艰巨性及科学家们不迷信权威、勇于探索真理的精神。

三、教学重难点分析

教学重、难点： 理解牛顿第一定律的内容和意义，明确内涵。

四、教学过程

（一）引入新课

教师：同学们好。这节课我们学习牛顿第一定律的具体内容，提到牛顿第一定律，我们必须提到的两个人物是伽利略和笛卡尔及他们的观点。

伽利略：300年前，他曾用理想实验的方法得出结论：如果物体在运动中不受到力的作用，它的速度将保持不变。

不足：没有指出静止的物体不受力会如何。

笛卡尔：补充了伽利略的认识，指出：如果运动中的物体没有受到力的作用，它将继续以同一速度沿同一直线运动，既不停下来也不偏离原来的方向。

不足：没有指出是什么原因以及运动之间的关系。

【设计意图】通过亚里士多德、伽利略到笛卡尔再到牛顿这根主线，让学生"重现"这段物理思想的形成过程，以正确的物理图景取代以前模棱两可的观点，学生就自然而然地纠正了以前错误的认识。

（二）讲授新课

1.介绍牛顿

与伽利略又隔了一代人，出了一位大师级人物——牛顿。说隔了一代人一点都不委屈牛顿，伽利略1642年去世，牛顿1643年诞生。可谓前赴后继。牛顿是英国皇家学会会长，英国著名的物理学家，百科全书式的"全才"，著有《自然哲学的数学原理》《光

学》。对万有引力和三大运动定律进行了描述，奠定了此后三个世纪里物理世界的科学观点，并成为现代工程学的基础。

2.牛顿第一定律的内容

牛顿在前人研究的基础上，对运动和力的关系进行了全面的阐述：一切物体总保持匀速直线运动状态或静止状态，除非作用在它上面的力迫使它改变这种状态。

牛顿对物体运动原因的认识也经历了一番波折，直到1687年撰写《自然哲学的数学原理》之际才摆脱了旧观念的束缚，把物体运动的原因提炼和概括到前所未有的高度，作为运动第一定律提了出来，使之成为力学理论的基础。牛顿成功的秘诀：站在巨人的肩上，勤奋学习，不断地积累知识。

【设计意图】理解牛顿第一定律的内容和意义，明确内涵；展示这本书，倡导感兴趣的学生课外阅读。

3.牛顿第一定律的理解

（1）牛顿第一定律不是实验定律，它是牛顿以伽利略的理想实验为基础，总结前人的研究成果，加之丰富的想象而提出来的。

（2）一切物体，总保持静止状态或匀速直线运动状态（力不是维持物体运动的原因）。

（3）物体运动状态的改变需要外力（力是改变物体运动状态的原因）。

物体运动状态改变，也就是物体运动的速度改变，所以力是改变物体速度的原因。为了描述速度变化的快慢，我们建立了加速度的概念，速度改变了，也就是物体有加速度了，所以力是产生加速度的原因。

前面学习过程中，有的同学总是问为什么加速度变大，变小？现在明白了吧，是因为外力在变化。

（4）一切物体都具有保持原来运动状态的性质（一切物体都具有惯性）。

牛顿第一定律中"不受力"的情景在现实生活中很难看到，但是有些现象能够帮助我们认识理解这种理想情况。如冰壶球、滑板、溜冰，等等。这些运动都是在感受摩擦力很小时带来的运动乐趣。由此也可以帮助我们理解牛顿第一定律中"不受力"的情景。

4.牛顿第一定律的意义

（1）适用于一切物体。

（2）指出力是改变运动状态的原因。

（3）提出了物体的一个固有属性：惯性。

（三）小结归纳

综上所述，可以看出，牛顿第一定律经历了逐步发展、逐步完善的过程，它是几代人持续不断努力的结果。

亚里士多德通过直觉加观察提出问题，为科学家的研究确立了课题；伽利略发现了不易被察觉的摩擦力，通过理想斜面实验的合理外推改变了亚里士多德根据直接经验得出的直觉结论，提出运动不需力维持；笛卡尔对伽利略的观点进行补充，明确匀速运动方向不会改变；牛顿明确了力的作用，总结提升得到牛顿第一定律。即使在牛顿之后，牛顿第一定律仍在不断发展着。

这实际上也是物理学历史的一个缩影，因为物理学就是永远不会停顿、不断发展、不断完善，逐步接近真理的一门科学。

五、作业设计

1. 有人设想，乘坐气球飘在高空，由于地球的自转，一昼夜就能周游世界，请你评价一下，这个设想可行吗？

2. 用所学的知识解释以下事实：

（1）电动机的底座一般很重；

（2）给整栋楼房搬家已成为现实，在移动楼房时需要多台牵引车，而且一天只能移动很小一段距离。

3. 某同学遇到一个难题：如图所示，要求不直接用手接触塑料板和鸡蛋，手头只有一个木棒，利用本节所学的知识，将鸡蛋放入水中。请你帮助该同学想个办法解决这个难题。

4. 选读牛顿著作《自然哲学的数学原理》。

5. 预习惯性及影响惯性的因素是什么。

六、设计说明

1. 因为地球上的一切物体（包括地球周围的大气）都随着地球一起在自转，气球升空后，由于惯性，它仍保持原来的自转速度。当忽略其他与地球有相对运动（如风）的作用产生的影响时，升空的气球与它下方的地面处于相对静止的状态，不可能使它相对地球绕行一周。

2.（1）为了增大质量，增大惯性，尽量减小电动机振动或避免意外的碰撞而移动。

（2）整栋楼房质量很大，惯性很大，在牵引力的作用下不易改变其运动状态，因此产生的加速度较小，事实上为了保证整栋楼平稳移动，加速度不可较大。

3. 该同学可以用木棒猛击塑料板，使塑料板飞出，而鸡蛋由于惯性仍保持原来的静止状态，就能使鸡蛋落入杯中，而避免手直接接触鸡蛋和塑料板。

抓住联系　把握实质

——《应用牛顿第二定律解决问题》微资源设计

中国人民大学附属中学通州校区　王艳华

一、内容说明

对应高中物理课程标准内容知识点： 1.2.3 理解牛顿运动定律，能用牛顿运动定律解释生产生活中的有关现象、解决有关问题。

内容分析： 本节内容综合了前面所学的基础知识和本章所学的基本规律，因此具有承上启下的作用。将牛顿第二定律的应用分为两种类型：一是从受力确定运动情况，二是从运动情况确定受力。加速度是解决有关运动和力问题的基本思路，正确的受力分析和运动过程分析则是解决问题的关键。本节课要让学生学会抽象实际问题、建立理想模型，灵活选择方法，建立恰当的坐标系，按照合理的解题思路形成良好的解题习惯。

二、教学目标分析

物理观念： 形成运动与相互作用观念，能用牛顿第二定律解决两类主要问题：已知受力情况确定运动情况、已知运动情况确定受力情况。

科学思维： 能将实际问题中的对象和过程转换成物理模型，掌握应用牛顿第二定律解决问题的基本思路和方法，即首先对研究对象进行受力和运动情况分析，然后用牛顿第二定律把二者联系起来。

科学探究： 具有问题意识，尝试解决问题。

科学态度与责任： 初步体会牛顿运动定律对社会发展的影响，建立应用科学知识解决实际问题的意识。

三、教学重难点分析

教学重点： 应用牛顿第二定律解决实际问题。

教学难点：在应用牛顿第二定律解决实际问题过程中灵活选择方法，建立恰当的坐标系进行解题。

四、教学过程

（一）复习引入

1. 牛顿第二定律

（1）内容：物体的加速度跟它受到的作用力（合力）成正比，跟它的质量成反比；加速度的方向跟作用力（合力）的方向相同。

（2）表达式：$F=ma$

牛顿第二定律确定了运动和力的关系，使我们能够把物体的运动情况与受力情况联系起来。

2. 运动学公式

（1）速度公式：$v = v_0 + at$

（2）位移公式：$x = v_0 t + \frac{1}{2}at^2$

（3）导出公式：$v^2 - v_0^2 = 2ax$

【设计意图】通过复习引入，为应用牛顿第二定律解决实际问题做好铺垫。

（二）讲授新课

1. 从受力确定运动情况

【例题1】运动员把冰壶沿水平冰面投出，让冰壶在冰面上自由滑行，在不与其他冰壶碰撞的情况下，最终停在远处的某个位置。按比赛规则，投掷冰壶运动员的队友，可以用毛刷在冰壶滑行前方来回摩擦冰面，减小冰面的动摩擦因数以调节冰壶的运动。

（1）运动员以 3.4 m/s 的速度投掷冰壶，若冰壶和冰面的动摩擦因数为 0.02，冰壶能在冰面上滑行多远？g 取 10 m/s^2。

（2）若运动员仍以 3.4 m/s 的速度将冰壶投出，其队友在冰壶自由滑行 10 m 后开始在其滑行前方摩擦冰面，冰壶和冰面的动摩擦因数变为原来的 90%，冰壶多滑行了多少距离？

【基本思路】已知物体的受力情况，根据牛顿第二定律求出物体的加速度，再通过运动学公式求运动学量。

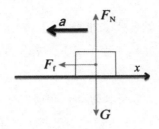

【解题步骤】

（1）确定研究对象。

（2）对研究对象进行受力分析，画出受力示意图。

（3）应用力的合成法或正交分解法，根据牛顿第二定律列方程（组）求加速度。

（4）结合初始条件，分析运动情况并画出运动过程示意图，选择合适的运动学公式求运动学量。

【设计意图】帮助学生学会抽象实际问题、建立理想模型，即将题目中冰壶简化成质点并按照匀变速直线运动进行处理，按照合理的解题思路形成良好解题习惯。

2. 从运动情况确定受力

【例题 2】一位滑雪者，人与装备的总质量为 75 kg，以 2 m/s 的初速度沿山坡匀加速直线滑下，山坡倾角为 $30°$，在 5 s 的时间内滑下的路程为 60 m。求滑雪者对雪面的压力及滑雪者受到的阻力（包括摩擦和空气阻力），g 取 10 m/s^2。

【基本思路】已知物体的运动情况，根据运动学公式求出物体的加速度，结合受力分析，再根据牛顿第二定律列方程求出力。

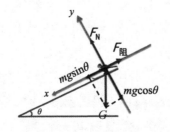

【解题步骤】

（1）确定研究对象；分析受力情况和运动情况，画出受力和运动过程示意图。

（2）选择合适的运动学公式求加速度。

（3）根据牛顿第二定律列方程（组），求合力。

（4）运用力的合成法或正交分解法，由合力求出待求力。

【设计意图】引导学生用获取的知识和研究方法去审视、发现和解决与生活相联系的实际问题，培养应用科学知识解决实际问题的意识。

（三）课堂小结

牛顿第二定律公式和运动学公式中，均包含同一个物理量——加速度 a；无论是哪种情况，加速度始终是联系运动和力的桥梁。

求加速度是解决有关运动和力问题的基本思路，正确的受力分析和运动过程分析则是解决问题的关键。

【设计意图】让学生体会到加速度是联系运动和力的桥梁，掌握应用牛顿第二定律解决问题的基本思路和方法。

五、作业设计

1. 质量为 20 kg 的物体静止在光滑水平面上。如图所示，如果给这个物体施加两个大小都是 50 N 且互成 60° 角的水平力，那么，3 s 末它的速度是多大？3 s 内它的位移是多少？

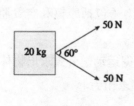

第1题图　　　　　　　　　　第2题图

2. 民航客机都有紧急出口，发生意外情况的飞机紧急着陆后，打开紧急出口，狭长的气囊会自动充气，生成一条连接出口与地面的斜面，人员可沿斜面滑行到地面，如图所示。若机舱口下沿距地面 3.2 m，气囊所构成的斜面长度为 6.5 m，一个质量为 60 kg 的人沿气囊滑下时所受的阻力是 240 N，那么，人滑至气囊底端时的速度是多少？ g 取 10 m/s^2。

3. 汽车轮胎与公路路面之间必须要有足够大的动摩擦因数，才能保证汽车安全行驶。为检测某公路路面与汽车轮胎之间的动摩擦因数，需要测试刹车的车痕。测试汽车在该公路水平直道上以 54 km/h 的速度行驶时，突然紧急刹车，车轮被抱死后在路面上滑动，直至停下来。量得车轮在公路上摩擦的痕迹长度是 17.2 m，则路面和轮胎之间的动摩擦因数是多少？ g 取 10 m/s^2。

六、设计说明

第 1 题练习运动牛顿第二定律解决简单的实际问题，形成从受力情况可以确定运动情况的观点。【参考答案】：$x = \dfrac{45\sqrt{3}}{4}$ m　　$v = \dfrac{15\sqrt{3}}{2}$ m/s

第 2 题练习将实际问题中的对象和过程转换成所学的物理模型，即将人沿气囊下滑的问题抽象为质点沿斜面匀加速下滑，从受力确定运动情况。

【参考答案】$v = 2\sqrt{3}$ m/s

第 3 题将汽车刹车后的运动抽象为质点沿水平方向的匀减速直线运动，根据运动情况确定受力。

【参考答案】$\mu = 0.65$

贴近生活　迁移知识
——《认识超重现象》微资源设计

北京市第二中学通州校区　刘　佳

一、内容说明

对应高中物理课程标准内容知识点： 1.2.3 通过实验，认识超重现象。

内容分析： 超重是学生学完牛顿运动定律后，知识的迁移和应用部分，是必修第一册中一个比较重要的、典型的应用型知识点。表现其一：超重产生原因的分析，要用到牛顿第二、第三定律，这不仅有利于学生巩固对定律的内容理解，也有助于培养学生分析问题的能力。其二：这是一个贴近日常生活的实际问题，能激发学生的学习兴趣并体会物理的生活化。学生对超重有一定感性和模糊的体会，首先是物理语言的误导，使学生认为超重就是物体重量的增加；其次学生往往认为向上运动时就超重，没有真正理解超重的原因。本微课通过受力分析、牛顿运动定律的应用，引导学生生成透过现象看本质的物理意识。

二、教学目标分析

物理观念： 通过实验认识超重现象；帮助学生养成运用运动和相互作用的物理观念分析实际问题的能力。

科学思维： 能运用牛顿运动定律对超重现象进行理论分析，建立超重运动与相互作用模型；进行科学推理，养成对知识的迁移运用能力，理解超重现象中物体的重力并未发生变化，实质是物体对支持物的压力（或对悬挂物的拉力）发生变化的现象。

科学探究： 能够对力传感器和数据采集器采集到的 $F-t$ 图像进行分析，得出超重现象的产生与速度方向无关，而取决于加速度方向。

科学态度与责任： 通过分析生活中的超重现象，感受物理与生活、社会及科学技术的相关性。

三、教学重难点分析

教学重点：分析超重现象产生的原因。

教学难点：总结归纳超重的条件。

四、教学过程

（一）引入新课

从生活走向物理，从物理走向生活。同学们好，欢迎来到高中物理课堂，今天我们来学习生活中的超重现象，首先我们观看一段发生在电梯里的奇怪现象（播放视频）。什么是超重现象呢？如何用牛顿运动定律来分析超重现象？

（二）讲授新课

先来思考：1. 如何计算物体的重力？ 2. 如何测量重力？我们可以用弹簧测力计、体重计来测量物体的重力，测力计上的示数来自于物体对测力计的拉力或压力，我们把测力计上的示数称为视重，下面我们先区分两个概念。

【设计意图】理解弹簧测力计和体重计的本质是测拉力或压力，体重计对质量的测量是通过测量压力转换而来的。

1. 视重与实重

（1）视重：物体对悬挂物的拉力或者对支持物的压力（弹簧测力计或体重计的示数）。

（2）实重：物体的重力 $G = mg$。

视重大小与实重大小有什么样的关系呢？人站在静止或者做匀速直线运动的电梯里时，人受到重力和体重计的支持力，因为静止或匀速直线运动的加速度 $a = 0$，由牛顿第二定律可知，人所受的合力为零，即支持力等于重力，由牛顿第三定律可知人对体重计的压力 N' 等于体重计对人的支持力 N，因此体重计示数即视重 $N' = N = G$，即物体处于平衡状态时视重大小等于实重大小。

【设计意图】区分实重与视重，为理解超重与失重做铺垫。

2. 超重

当电梯具有向上的加速度时，对人受力分析：

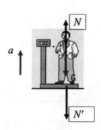

由牛顿第二定律，$F_合 = ma$，$N - mg = ma$，$N = mg + ma > mg$，

由牛顿第三定律可得，$N' = N > mg$，即视重大于实重，这就是超重现象。

（1）定义：物体对支持物的压力（或对悬挂物的拉力）大于物体所受的重力的情况。

（2）运动学特点：具有竖直向上的加速度。

（3）动力学特点：$N' = mg + ma$

3.实验操作：利用力的传感器悬挂一重物，将重物迅速提升至某一高度处，暂停几秒，再让重物迅速下降，观察图像。

 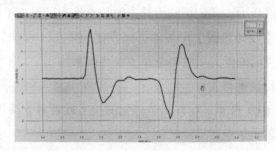

【设计意图】通过力的传感器实验，采集不易观测的拉力。

（三）小结归纳

物体具有向上的加速度时，会发生超重现象。

五、作业设计

1.（多选）在游乐园中，游客乘坐能加速或减速运动的升降机，可以体会超重的感觉，下列描述正确的是（　　　）

A.当升降机加速上升时，游客处在超重状态

B.当升降机减速下降时，游客处在超重状态

C. 当升降机减速上升时，游客处在超重状态

D. 当升降机加速下降时，游客处在超重状态

2. 有一质量为 60kg 的人站在一放置于升降机的底板上的台秤上，当升降机作如下运动时，台秤的示数为多少千克？ $g=10\text{m/s}^2$

（1）升降机以 $a=5\text{m/s}^2$ 的加速度加速上升时；

（2）升降机以 $a=5\text{m/s}^2$ 的加速度减速下降时。

3. 假如你体重是 50kg，站在体重计上乘电梯，发现体重计的读数是 60kg，请分析电梯的运动情况，求电梯的加速度大小。其中 $g=10\text{m/s}^2$。

【参考答案】1. AB　2.（1）90kg　（2）90kg　3. 2 m/s^2

列表对比　总结现象

——《认识失重现象》微资源设计

北京市第二中学通州校区　刘　佳

一、内容说明

对应高中物理课程标准内容知识点： 1.2.3 通过实验，认识失重现象。

内容分析： 失重是学生学完牛顿运动定律后，知识的迁移和应用部分，是必修第一册中一个比较重要的、典型的应用型知识点。表现其一：失重产生原因的分析，要用到牛顿第二、第三定律，这不仅有利于学生巩固对定律的内容理解，也有助于培养学生分析问题的能力。其二：这是一个贴近日常生活的实际问题，能激发学生的学习兴趣和体会物理的生活化。失重学生有一定感性和模糊的体会，首先是物理语言的误导，使学生认为失重就是物体重量的减少；其次，学生往往认为向下运动时就失重，没有真正理解失重的原因。本微课通过受力分析、牛顿运动定律的应用，引导学生生成透过现象看本质的物理意识。

二、教学目标分析

物理观念： 通过实验认识失重现象；帮助学生养成运用运动和相互作用的物理观念分析实际问题的能力。

科学思维： 能运用牛顿运动定律对失重现象进行理论分析，建立失重运动与相互作用模型；进行科学推理，养成对知识的迁移运用能力，理解失重现象中物体的重力并未发生变化，实质是物体对支持物的压力（或对悬挂物的拉力）发生变化的现象。

科学探究： 能够对力传感器和数据采集器采集到的 F-t 图像进行分析，得出失重现象的产生与速度方向无关，而取决于加速度方向。

科学态度与责任： 通过分析生活中的失重现象，感受物理与生活、社会及科学技术的相关性。

三、教学重难点分析

教学重点： 分析失重现象产生的原因。

教学难点： 总结归纳失重的条件。

四、教学过程

（一）引入新课

从生活走向物理，从物理走向生活。同学们好，欢迎来到高中物理课堂，今天我们来学习生活中的失重现象，我们再来观看一下电梯里的奇怪现象。观看视频。请大家类比学过的超重现象，来思考什么是失重现象呢？回忆概念。

（二）讲授新课

1. 视重与实重

（1）视重：物体对悬挂物的拉力或者对支持物的压力（弹簧测力计或体重计的示数）。

（2）实重：物体的重力 $G = mg$。

2. 失重

当电梯具有向下的加速度时，对人受力分析：

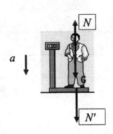

由牛顿第二定律，$F_{合} = ma$，$mg - N = ma$，$N = mg - ma < mg$，由牛顿第三定律可得，$N' = N < mg$，即视重小于实重，这就是失重现象。

（1）定义：物体对支持物的压力（或对悬挂物的拉力）小于物体所受的重力的情况。

（2）运动学特点：具有竖直向下的加速度。

（3）动力学特点：$N' = mg - ma$。

3.完全失重现象

当电梯自由下落时，即电梯具有向下 a=g 的加速度时，

$$N = mg - ma = mg - mg = 0 \qquad N' = N = 0$$

物体对支持物的压力（或对悬挂物的拉力）等于零的情况，称为完全失重现象。

4.实验操作：利用力的传感器悬挂一重物，将重物迅速提升至某一高度处，暂停几秒，再让重物迅速下降，观察图像。

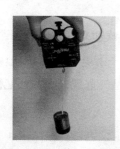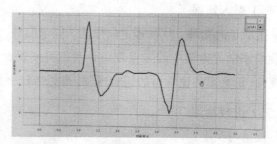

用列表形式来分析电梯中的超重、失重现象。

运动状态	速度方向	加速度方向	超失重情况
加速上升	向上	向上	超重
匀速上升	向上	—	—
减速上升	向上	向下	失重
加速下降	向下	向下	失重
匀速下降	向下	—	—
减速下降	向下	向上	超重

【设计意图】讨论超重失重现象与物体加速度的关系。

（三）归纳小结

超重失重与速度方向无关，与加速度方向有关。

当物体具有向上的加速度时，物体会产生超重现象。

当物体具有向下的加速度时，物体会产生失重现象。

超重与失重现象中，物体的重力是没有变化的，重力 G 始终为 mg，发生变化的为视重。

【设计意图】明确超重与失重现象中，物体的重力不变，加深对超重和

失重现象产生原因的理解。

（四）课外探究

请同学们站在体重计上观察蹲下与起立过程中体重计示数的变化，并用学到的超重与失重知识进行解释。

五、作业设计

1.以下关于超重与失重的说法正确的是（　　　）

A.游泳运动员仰卧在水面静止不动时处于失重状态

B.在超重现象中，物体的重力是增大的

C.处于完全失重状态的物体，其重力一定为零

D.如果物体处于失重状态，它必然有向下的加速度

2.在竖直运动的电梯地板上放置一台秤，将物体放在台秤上。电梯静止时台秤示数为 N。在电梯运动的某段过程中，台秤示数大于 N。在此过程中（　　　）

A.物体受到的重力增大　　　　B.物体处于失重状态

C.电梯可能正在加速下降　　　D.电梯可能正在加速上升

3.为了研究超重和失重现象，某同学站在力传感器上做"下蹲"和"站起"的动作，力传感器将采集到的数据输入计算机，可以绘制出压力随时间变化的图线。某次实验获得的图线如图所示，a、b、c 为图线上的三点，有关图线的说法可能正确的是（　　　）

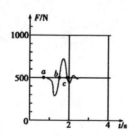

A.$a \rightarrow b \rightarrow c$ 为一次"下蹲"过程

B.$a \rightarrow b \rightarrow c$ 为一次"站起"过程

C.$a \rightarrow b$ 为"下蹲"过程，$b \rightarrow c$ 为"站起"过程

D.$a \rightarrow b$ 为"站起"过程，$b \rightarrow c$ 为"下蹲"过程

4. 应用物理知识分析生活中的常见现象，可以使物理学习更加有趣和深入。例如平伸手掌托起物体，由静止开始竖直向上运动，直至将物体抛出。对此现象分析正确的是（　　）

A. 手托物体向上运动的过程中，物体始终处于超重状态

B. 手托物体向上运动的过程中，物体始终处于失重状态

C. 在物体离开手的瞬间，物体的加速度大于重力加速度

D. 在物体离开手的瞬间，手的加速度大于重力加速度

【参考答案】1. D　2. D　3. A　4. D

系统体会　简化运算

——《力学单位制》微资源设计

中国人民大学附属中学通州校区　姚　勇

一、内容说明

对应高中物理课程标准内容知识点：1.2.4 知道国际单位制中的力学单位。了解单位制在物理学中的重要意义。

内容分析：通过本节力学单位制的学习，帮助学生形成对单位制系统的认识，帮助学生体会物理单位命名和使用规则，体会到进行单位规定的合理性和方便性，并能运用单位制对物理量和物理公式进行判断或检验。

二、教学目标分析

物理观念：了解什么是单位制，知道力学中的几个基本量：质量、长度、时间以及它们的基本单位。

科学思维：知道除七个基本物理量以外，其他物理量的单位都是根据物理量之间的关系，从基本单位中推导出来的导出单位。

科学探究：知道国际单位制，能够根据物理量的定义或物理关系来推导其他物理量的单位。培养学生在计算中采用国际单位，从而使运算过程的书写简化，并能运用单位制对物理量和物理公式进行判断或检验。

科学态度与责任：认识到统一单位的重要性和必要性，了解单位制在物理学中的重要意义，能在运算过程中规范使用物理单位。

三、教学重难点分析

教学重点：基本单位和导出单位。

教学难点：单位制的应用。

四、教学过程

（一）引入新课

请同学们回忆一下学习过的物理量及其单位进行举例。

时间：秒、分钟、小时等

长度：米、千米、公里等

速度：米每秒、千米每小时等

力：牛顿……

这些单位之间是互相独立的，还是彼此之间存在某些关联？

（二）讲授新课

引入速度和加速度的定义式，如果位移的单位用米，时间的单位用秒，根据速度的定义式 $v = \dfrac{\Delta x}{\Delta t}$ 得出速度单位就是米每秒。根据加速度的定义式 $a = \dfrac{\Delta v}{\Delta t}$ 得出加速度的单位就是米每二次方秒。

由此得出：物理学的关系式在确定了物理量之间的关系时，也确定了物理量的单位之间的关系。

【设计意图】举例说明物理学的关系式在确定了物理量之间的关系时，也确定了物理量的单位之间的关系，进而引出单位制。

1.认识单位制

（1）单位制

基本单位：在物理学中，只要选定几个物理量的单位，就能够利用物理量之间的关系推导出其他物理量的单位。这些被选定的物理量叫作基本量，它们相应的单位叫作基本单位。

在力学范围内，规定长度、质量、时间为三个基本量。

导出单位：由基本量根据物理关系推导出来的其他物理量叫作导出量，推导出来的相应单位叫作导出单位。

基本单位和导出单位一起组成了单位制。

举例提出问题：某运动员的最快速度可以达到 10 m/s，某人骑电动车的速度为 34 km/h。单凭所给两个速度的数值能否判断运动员的速度与电动车的速度的大小关系？以上两个速度哪个大？

（2）国际单位制：是一种国际通用的、包括一切计量领域的单位制。

注意：基本单位是基本物理量的单位，不一定是国际单位制单位，如长度的基本单位有 km、m、cm 等，但 km、cm 都不是国际单位制单位，而国际单位制单位也不都是基本单位，可以是导出单位。

（3）国际单位制中的七个基本物理量和相应的基本单位

物理量名称	物理量符号	单位名称	单位符号
长度	l	米	m
质量	m	千克（公斤）	kg
时间	t	秒	s
电流	I	安［培］	A
热力学温度	T	开［尔文］	K
物质的量	$n, (v)$	摩［尔］	mol
发光强度	$I, (I_v)$	坎［德拉］	cd

2. 单位制的应用

（1）简化计算过程的单位表达：在解题计算时，已知量均采用国际单位制，计算过程中不用写出各个量的单位，只要在式子末尾写出所求量的单位即可。

例：光滑水平桌面上有一个静止的物体，质量是 700 g，在 1.4 N 的水平恒力作用下开始运动（见下图）。那么，5 s 末物体的速度是多少？5 s 内它的位移是多少？

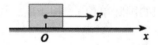

解析：在统一已知量的单位后，计算过程中就不必写出各量后面的单位，只在数字计算式后面写出正确的单位就可以了。这样，计算过程就可以写出下面的样式：

$$a = \frac{F}{m} = \frac{1.4}{0.7} \text{ m/s}^2 = 2\text{m/s}^2$$

$$v = at = 2 \times 5\text{m/s} = 10\text{m/s}$$

$$x = \frac{1}{2}at^2 = \frac{1}{2} \times 2 \times 25\text{m} = 25\text{m}$$

（2）推导物理量的单位：物理公式在确定各物理量的数量关系时，同时也确定了各物理量的单位关系，所以我们可以根据物理公式中物理量间的关系推导出物理量的单位。例如由速度和加速度的定义式分别得出速度和加速度的单位。

（3）判断比例系数的单位：根据公式中物理量的单位关系，可判断公式中比例系数有无单位，如公式 $F=kx$ 中 k 的单位为 N/m，$F=kma$ 中 k 无单位。

（4）量纲法检验物理公式和结果：根据物理公式中各物理量单位推断该物理公式所代表的物理量的单位，若相同，则说明公式可能是正确的，否则，结果肯定是错误的。

例如：小刚在课余制作中需要计算圆锥的体积，他从一本书中查得圆锥体积的计算公式为 $V=\frac{1}{3}\pi R^2 h$。小红说，从单位关系上看，这个公式肯定是错误的。她的根据是什么？

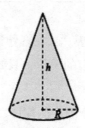

解析：圆锥的高 h、半径 R 的国际单位都是米（m），由 $V=\frac{1}{3}\pi R^2 h$，可得 V 的单位是 m^4，与体积的国际单位 m^3 相矛盾，说明该公式是错的。

五、作业设计

1. 下列物理量单位中不是国际制单位的是（　　　）

A. 千克　　　　　B. 秒　　　　　C. 牛顿　　　　　D. 千米

2. 物理公式在确定物理量之间的关系时，也确定了物理量的单位之间的关系，现在有一个我们没有学过的公式 $x=\frac{v^2}{l}$，已知 l 是长度，v 是速度，这些量都用国际单位制中的单位，试判断 x 的单位，并指出该单位所对应的物理量的名称。

3. 在解答一道已知量完全由字母表达结果的计算题时，几名同学得出了

某物体质量 m 的不同表达式，其中 v 是速度、t 是时间、F 是作用力，请你用单位制的知识判断以下结果可能正确的是（　　）

　　A. $m = \dfrac{Ft}{v}$　　　B. $m = \dfrac{Fv}{t}$　　　C. $m = \dfrac{F}{vt}$　　　D. $m = Fvt$

4.（多选）在牛顿第二定律的数学表达式 $F = kma$ 中，有关比例系数 k 的说法，正确的是（　　）

　　A. k 的数值由 F、m、a 的数值决定　　　B. k 的数值由 F、m、a 的单位决定
　　C. 在国际单位制中，$k = 1$　　　　　　　　　D. 在任何情况下 k 都等于 1

六、命题思路

　　分清基本单位、导出单位和国际单位制单位，并能根据物理公式推导物理量的单位，以及应用单位制知识检验物理公式和结果。

　　【参考答案】1.D

　　2. 解析：在国际单位制中，长度 l 的单位是米（m），速度 v 的单位是米每秒（m/s），题中表达式右边 $\dfrac{v^2}{l}$ 单位换算为：$1\dfrac{\left(\mathrm{m \cdot s^{-1}}\right)^2}{\mathrm{m}} = 1\mathrm{m \cdot s^{-2}}$，所以 x 的单位是米每二次方秒（$\mathrm{m \cdot s^{-2}}$），该单位所对应的物理量是加速度。

　　3.A

　　4. 物理公式在确定物理量数量关系的同时，也确定了物理量的单位。在 $F = kma$ 中，只有 m 的单位取 kg，a 的单位取 $\mathrm{m/s^2}$，F 的单位取 N 时，才有 $k = 1$，故选项 B、C 正确。

第二章 必修第二册

本册内容由"机械能及其守恒定律""曲线运动与万有引力定律""牛顿力学的局限性与相对论初步"三个主题组成。

本册内容通过实验及理论推导等方法，理解重力势能与重力做功的关系，理解动能定理和机械能守恒定律，学会从机械能转化和守恒的视角分析物理问题，形成初步的能量观念。在应用机械能守恒定律解决问题的过程中，体会守恒的思想，领悟从守恒的角度分析问题的方法，增强分析和解决问题的能力。通过研究平抛运动、匀速圆周运动等运动形式，体会物理学中化繁为简的研究方法，拓展对运动多样性的认识，深化对位移、速度、加速度等重要概念的理解，进一步提高关于力与运动关系的认识。在学习过程中，关注物理学定律与航天技术等现代科技的联系，了解人类对宇宙天体的探索历程，从万有引力定律的普适性到认识自然界的统一性。通过对相对论的初步介绍，初步认识牛顿力学的局限性，体会人类对自然界的探索是不断深入的。

具体做到以下几方面：

能对常见的机械运动进行分类。会用运动与相互作用的知识分析曲线运动问题，能用万有引力定律分析简单的天体运动问题，初步了解相对论时空观。能用能量的观点分析和解释常见的有关机械运动问题。

能认识平抛运动、匀速圆周运动的物理模型特征。通过研究平抛运动、匀速圆周运动等运动形式，体会物理学中实验或理论推导的方法，以及化繁为简的研究方法。能使用证据说明自己的观点，能对关于机械能、曲线运动、引力的一些错误认识提出质疑。

会做"探究平抛运动的特点"等实验。能明确实验需要测量的物理量，由此设计实验方案。会使用所提供的实验器材进行实验并获得数据，通过对数据的分析发现其中的特点，进而归纳出实验结论，并尝试对其作出解释。能撰写简单的实验报告。

通过对行星运动规律和相对论的学习，认识到科学研究包含大胆的想象和创新，科学理论既具有相对稳定性，又是不断发展的，人类对自然的探索永无止境。希望广大学生提高探索自然、造福人类的意识。

问题引领 实验解惑

——《曲线运动》微资源设计

北京市第二中学通州校区 王海燕

一、内容说明

对应高中物理课程标准内容知识点：2.2.1 通过实验，了解曲线运动，知道物体做曲线运动的条件。

内容分析：曲线运动是日常生活中典型的运动形式，通过分析曲线运动的受力关系、运动特点，明确物体做曲线运动的条件。为学习平抛运动和圆周运动的运动特征打好基础。本微课通过实验对比、受力分析总结物体做直线运动和曲线运动的条件；通过画图明确曲线运动中速度方向和合外力方向的关系，总结曲线运动速度增大、减小和不变的特点，使学生掌握分析运动特点的思路和方法。

二、教学目标分析

物理观念：理解物体做曲线运动的条件，能运用牛顿运动定律分析曲线运动条件；掌握速度和合外力方向与曲线弯曲情况之间的关系；知道曲线运动的运动特征。

科学思维：通过分析来培养学生的对比能力、归纳总结能力和应用知识解决问题的能力。

科学探究：通过实验的探究过程，学生能够体会物体做直线运动和曲线运动的受力特点，总结出物体做曲线运动的条件。

科学态度与责任：培养学生积极探索和实事求是的科学态度。

三、教学重难点分析

教学重点：通过受力分析使学生明确物体做曲线运动的条件和运动特点。

教学难点：通过牛顿第二定律分析曲线运动的运动特点。

四、教学过程

（一）引入新课

展示物体做曲线运动的图片，提出以下思考问题：

水平抛出的物体

地球绕太阳公转

1. 物体做曲线运动时合外力方向与初速度方向有什么关系？

2. 曲线运动是变速运动吗？是哪种变速运动？

【设计意图】通过观察物体做曲线运动的图片，思考物体做曲线运动的条件。

（二）讲授新课

1. 探究物体做曲线运动的条件

（1）播放实验视频（如图1装置），观察物体做直线运动和曲线运动时的受力特点。

（2）通过画图（见图2）分析曲线运动中速度和加速度（或合外力）的关系。

（3）总结物体做曲线运动的条件：速度与加速度（或合外力）不在一条直线上。

2. 曲线运动轨迹和力的方向关系

画图（见图）分析曲线运动速度方向、合外力方向和轨迹的关系。

总结：合外力指向曲线的凹面。

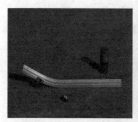
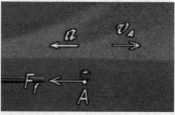

3. 曲线运动的运动特点

（1）通过分析曲线运动实例：抛体运动和卫星绕地球的圆周运动的受力特点和加速度特点，总结曲线运动一定是变速运动，可能是匀变速曲线也可能是非匀变速曲线。

（2）总结判断物体做直线和曲线运动的条件：看 a、v 是否共线；判断匀变速和非匀变速的依据是看 a 是否变化。

直线运动		曲线运动	
F（或 a）跟 v 在一条直线上		F（或 a）跟 v 不在一条直线上	
a 恒定	a 变化	a 恒定	a 变化
匀变速直线运动	变加速直线运动	匀变速曲线运动	变加速曲线运动

（三）归纳总结与问题思考

根据曲线运动合力与速度的方向关系，总结物体做速度增大的曲线运动、速度减小的曲线运动和速度大小不变曲线运动的条件分别是什么？

思考：曲线运动中速度的方向发生了改变，速度的大小是否变化呢？请举例说明。

五、作业设计

知识点一：物体做曲线运动的条件

1. 一个做匀速直线运动的物体突然受到一个与运动方向不在同一条直线上的恒力作用时，则物体（　　　）

A. 继续做直线运动

B. 一定做曲线运动

C. 可能做直线运动，也可能做曲线运动

D. 运动的形式不能确定

知识点二：合外力与轨迹的方向关系

2. 质点在一平面内沿曲线由 P 运动到 Q，如果用 v、a、F 分别表示质点运动过程中的速度、加速度和受到的合外力，下列图像可能正确的是（　　　）

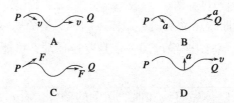

3. 一辆汽车在水平公路上沿曲线由 M 向 N 行驶，速度逐渐减小。图中分别画出了汽车转弯所受合力 F 的四种方向，其中可能正确的是（　　）

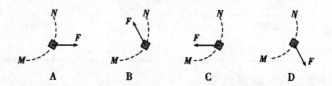

知识点三：曲线运动的运动特点

4. 下列关于曲线运动的说法中正确的是（　　）

A. 曲线运动一定是变速运动

B. 变速运动一定是曲线运动

C. 速率不变的曲线运动没有加速度

D. 曲线运动一定是匀加速运动

【参考答案】1.B　2.D　3.C　4.A

化曲为直　体会方法
——《运动的合成与分解》微资源设计

北京市第二中学通州校区　刘　佳

一、内容说明

对应高中物理课程标准内容知识点：2.2.1 了解曲线运动，知道物体做曲线运动的条件；2.2.2 体会将复杂运动分解为简单运动的物理思想。

内容分析：本节的学习研究，使同学们学会用平面直角坐标系和图解法描述曲线运动，通过运动的合成与分解，把运动物体实际表现的复杂运动分解成几个简单的分运动，从而利用研究分运动的性质和轨迹来确定物体实际表现的合运动的性质和轨迹；巩固矢量合成法则——平行四边形定则的应用，知道运动的合成与分解就是位移的合成与分解或速度的合成与分解。本节课的价值及学习内容的重要性：首先，运动的合成与分解是学习曲线运动的基础；其次，掌握物理学中最重要的思维方式——化曲为直、化繁为简、等效替代。能够掌握互成角度的两个直线运动的合运动的轨迹的分析方法。本微课重在指导学生的学习方法和培养学生的学习探究能力。

二、教学目标分析

物理观念：知道分运动常采用从合运动的效果来分解；理解运动的合成与分解遵循平行四边形定则；掌握互成角度的两个直线运动的合运动的轨迹的分析方法。

科学思维：通过详细分析各种相互垂直的两个分运动的合成，合运动从直线到曲线，由浅入深地激发学生探索新知识的欲望和缜密的思维方式。

科学探究：通过对运动的合成与分解的理解和练习，发挥学生的空间想象能力，培养学生将复杂问题化为简单问题的探究能力。

科学态度与责任：充分发挥学生的自主性，引导学生主动发现问题，构建良好的认知结构，激发对科学的求知欲。

三、教学重难点分析

教学重点：合运动与分运动的关系以及分解方法。

教学难点：互成角度的两个直线运动的合运动的轨迹。

四、教学过程

（一）复习引入新课

复习引入物体做曲线运动的条件：

$F_合=0$（$a=0$）　$v=$ 恒量，物体做匀速直线运动

$F_合≠0$（$a≠0$）　$F_合$（a）与 v 的方向在同一直线上时，物体做变速直线运动

$F_合$（a）与 v 的方向不在同一直线上时，物体做曲线运动

【设计意图】回忆物体做曲线运动的条件，为本节课学习奠定理论基础。

（二）讲授新课

1.实验图形展示：红蜡块的运动

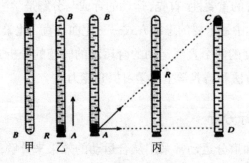

2.合运动与分运动的关系

（1）同时性：合运动、各分运动时间都相等。

（2）独立性：各分运动独立进行，互不影响。

（3）等效性：分运动的叠加与合运动效果相同。

（4）同一性：合运动、分运动都对同一物体而言。

3.研究运动的合成与分解时所采用的一般方法

（1）选定两个方向：如红蜡块沿玻璃管的运动和随玻璃管的运动。

（2）分别研究：两个分运动是独立的。

（3）研究内容：位置、轨迹、位移、速度。

4.互成角度的两个直线运动的合运动的轨迹

（以下四种情况逐一分析）

（1）互成角度的两个匀速直线运动的合运动：一定是匀速直线运动。

（2）互成角度的一个匀速直线运动和一个匀变速直线运动的合运动：一定是匀变速曲线运动。

（3）互成角度的两个初速度为零的匀加速直线运动的合运动：一定是匀加速直线运动。

（4）互成角度的两个初速度不为零的匀变速直线运动的合运动：

$a_合$与$v_合$共线时，合运动为匀变速直线运动

$a_合$与$v_合$不共线时，合运动为匀变速曲线运动

（三）归纳总结

解决问题的关键：判断合加速度、合速度是否在一条直线

例题：关于运动的合成与分解，下列说法正确的是（　　　）

A.两个直线运动的合运动一定是直线运动

B.两个匀速直线运动的合运动一定是直线运动

C.两个匀加速直线运动的合运动一定是直线运动

D.两个初速度为0的匀加速直线运动的合运动一定是直线运动

解题思路点拨：物体运动的轨迹是曲线还是直线，看合力（或合加速度）与合速度是否在一条直线上。

【参考答案】BD

五、作业设计

如下页图所示，某同学在研究运动的合成时做了下述活动：用左手沿黑板推动直尺竖直向上运动，运动中保持直尺水平，同时，用右手沿直尺向右移动笔尖。若该同学左手的运动为匀速直线运动，右手相对于直尺的运动为初速度为零的匀加速直线运动，则关于笔尖的实际运动，下列说法中正确的

是（　　）（多选）

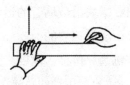

A. 笔尖做匀速直线运动　　B. 笔尖做匀变速直线运动
C. 笔尖做匀变速曲线运动　D. 笔尖的速度方向与水平方向夹角逐渐变小

【参考答案及解析】CD　笔尖同时参与了竖直向上的匀速运动和水平向右初速度为零的匀加速直线运动，合运动为匀变速曲线运动，所以 A、B 选项错误，C 选项正确；由于水平速度增大，所以合速度的方向与水平方向夹角逐渐变小，故 D 选项正确。

源于生活 化繁为简

——《认识平抛运动》微资源设计

北京市第二中学通州校区 刘 佳

一、内容说明

对应高中物理课程标准内容知识点： 2.2.2 通过实验，探究并认识平抛运动规律。

内容分析： 本节课是在学习"匀变速直线运动规律""曲线运动""运动的合成与分解"等内容的基础上进行设计的，高一的学生虽在感知、思维和想象等方面都有了较高层次的发展，探究能力与初中相比已经有了一定的提升，但对于生活中常见的平抛运动的规律却知之甚少，对于运动合成与分解的方法已经学习，但对其应用不够熟练。所以本节课的教学通过观察实验、理论探究、实验验证等方式完成，利用各种技术手段来弥补学生感官功能上的不足，启发学生利用已有的直线运动的规律来研究复杂的曲线运动，渗透物理学"化曲为直""化繁为简"的方法及"等效代换"的思想。突出学生的思维训练，重点提升学生的探究能力，让学生在自主学习的基础上完成对平抛运动及规律的建构。

二、教学目标分析

物理观念： 知道平抛运动的特点，理解平抛运动的分解方法。

科学思维： 利用已知的直线运动规律来研究复杂的曲线运动，渗透物理学中"化繁为简"的思想。

科学探究： 通过观察演示实验，概括出平抛运动的特点。培养学生的观察、分析能力。通过理论猜测、实验验证，使学生对探究过程有感性的认识。

科学态度与责任： 培养将物理知识应用于生活和生产实践的意识，用于探究与日常生活有关的物理问题。

三、教学重难点分析

教学重点：理解运动的合成与分解在探究平抛运动规律中的应用。

教学难点：理解平抛运动的分解方法。

四、教学过程

（一）引入新课

播放视频（摩托车飞跃障碍比赛），观察生活实际中的平抛运动。

（二）讲授新课

将实际运动抽象为物理模型，如图所示，师生共同总结平抛运动的定义和条件。

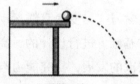

平抛运动

1. 平抛运动的定义：将物体以一定的初速度沿水平方向抛出，不考虑空气阻力，物体只在重力作用下所做的运动，叫作平抛运动。

2. 平抛运动的条件：

（1）物体具有水平方向的初速度（V_0 水平方向）。

（2）运动过程中只受重力作用。

3. 探究平抛运动的特点

演示学生活动：抛球运动。问：从哪个方向分析平抛运动？

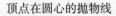

顶点在圆心的抛物线

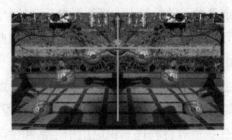

探究结果：从水平和竖直两个方向研究平抛运动。

1. 水平方向运动的规律

数码摄像机拍摄篮球的运动情况。

发现：在任意相等时间内在水平方向上位移均相等。

结论：平抛运动在水平方向上的分运动是匀速直线运动。

2. 竖直方向的运动规律

演示学生活动：击球实验。数码摄像机拍摄平抛实验。

 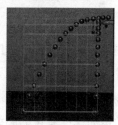

发现：两个小球总是在相同的时间落下相同的高度。

结论：平抛运动在竖直方向上的分运动是自由落体运动。

【设计意图】利用大量学生录制的视频，唤醒学生的生活经验，以学生最熟悉的抛球为主线索，从感性认识逐渐深入，抽象分析出平抛运动的规律，使学生感到亲切，易于接受。

（三）实例分析

飞机投弹：在高空中有一水平匀速飞行的飞机，每隔 1 秒投放一颗炸弹。

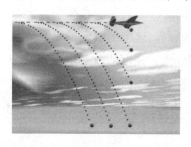

（1）若以地面为参照物，则这些炸弹做什么运动？

（2）飞机上的观察者看到炸弹做什么运动？

（3）这些炸弹在空中是怎样排列的？

（4）这些炸弹落地后所留下的坑穴是怎样排列的？

【设计意图】通过分析飞机投弹活动回归到用规律解决实际问题。

五、作业设计

1. 如图所示，在光滑的水平面上有一小球 A 以初速度 v_0 运动，同时在它的正上方有一小球 B 以初速度 v_0 水平抛出，并落于 C 点，忽略空气阻力，则（ ）

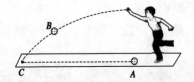

A. 小球 A 先到达 C 点   B. 小球 B 先到达 C 点

C. 两球同时到达 C 点   D. 无法确定

2.（多选）对平抛运动，下列说法正确的是（ ）

A. 平抛运动是加速度变化的曲线运动

B. 做平抛运动的物体，在任何相等的时间内位移的增量都是相等的

C. 平抛运动可以分解为水平方向的匀速直线运动和竖直方向的自由落体运动

D. 落地时间和落地时的速度只与抛出点的高度有关

3.（多选）在地面上方某一点将一小球以一定的初速度沿水平方向抛出，不计空气阻力，则小球在随后的运动中（ ）

A. 速度和加速度的方向都在不断变化

B. 速度与加速度方向之间的夹角一直减小

C. 在相等的时间间隔内，速率的改变量相等

D. 在相等的时间间隔内，速度的改变量相等

4.（多选）一架飞机以 200 m/s 的速度在高空沿水平方向做匀速直线运动，每隔 1 s 先后从飞机上自由释放 A、B、C 三个物体，若不计空气阻力，则（ ）

A. 在运动过程中 A 在 B 前 200 m，B 在 C 前 200 m

B. A、B、C 在空中排列成一条抛物线

C. A、B、C 在空中排列成一条竖直线

D. 落地后 A、B、C 在地上排列成水平线且间距相等

【参考答案】1. C　2. BC　3. BD　4. CD

实验探究　增强感知
——《探究平抛运动的特点》微资源设计

北京市通州区教师研修中心　吴秀梅

一、内容说明

对应高中物理课程标准内容知识点： 2.2.2 通过实验，探究并认识平抛运动的规律。会用运动合成与分解的方法分析平抛运动。体会将复杂运动分解为简单运动的物理思想。能分析生产生活中的抛体运动。

内容分析： 能从实际生产生活中的应用，感受平抛运动。通过对平抛运动的研究，知道曲线运动的一般研究方法。通过实验研究，理解平抛运动在水平和竖直方向的运动规律。内容与常规课堂教学相比要宽泛，更接近学生的生活感知。

二、教学目标分析

物理观念： 知道物体做平抛运动的条件，理解平抛运动的规律。

科学思维： 知道分析平抛运动的方法。通过平抛运动的条件，能够对实际问题建构平抛运动模型，并通过运动与合成的方法解释实际问题。

科学探究： 利用实验对平抛运动进行探究，利用运动合成与分解的思想方法，分别从水平方向的分运动和竖直方向的分运动进行探究，通过实验现象，归纳出结论，得到平抛运动的特点。

科学态度与责任： 能够利用平抛运动的运动模型，解决生产生活中一些实际问题，学以致用，让物理知识服务于生活实际。

三、教学重难点分析

教学重点： 平抛运动的条件及分析平抛运动的方法。

教学难点： 分析平抛运动的方法。用实验探究平抛运动的规律。

四、教学过程

（一）引入新课

做平抛运动的物体要同时具备两个条件：具有一个水平初速度，并且只受重力作用。

思考：假如物体在空中被水平抛出后不受重力作用，它将会做怎样的运动？也就是说物体将在水平方向上运动，那么这个运动是怎样的呢？

（二）讲授新课

利用实验研究平抛运动的物体在水平方向的运动规律。

实验装置：

在水平桌面上平行放置两个铁架台，在两铁架台之间固定一个装满细沙的沙槽，在沙槽的外侧固定一刻度尺。将另一把刻度尺固定在左侧铁架台上，斜槽末端水平也固定在左侧铁架台上，做平抛运动的小球将落入两铁架台之间的水平沙槽内。

为了操作简便，采取水平沙槽不动，而改变斜槽的位置，让小球每次下落的高度不同，但同时还要保证小球有相同的水平初速度，即在从斜槽上的同一位置释放。依次调节斜槽的竖直方向的位置，保证几次的位置关系为 $1：3：5：7\cdots\cdots$观察小球落入沙槽中的位置间隔关系。

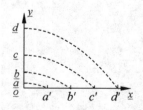

每次实验时，不改变沙槽位置，只改变小球抛出点位置，所以小球的轨迹是几条不同的抛物线，如上图所示用虚线画出。x 轴表示水平沙槽所固定的位置，y 轴表示斜槽所在的不同的位置。当小球从 a 点水平抛出，它的轨迹就是虚线描绘出的抛物线 aa'，小球落在 a' 点；当小球从 b 点水平抛出，它的轨迹就是虚线描绘出的抛物线 bb'，小球落在 b' 点；当小球从 c 点水平抛出，它的轨迹就是虚线描绘出的抛物线 cc'，小球落在 c' 点；当小球从 d 点水平抛出，它的轨迹就是虚线描绘出的抛物线 dd'，小球落在 d' 点。实验结束时，会看到小球落在 a' 点、b' 点、c' 点、d' 点，测量 oa'、$a'b'$、$b'c'$、$c'd'$ 的大小，即测量小球落入沙槽中的位置间隔的大小。

由于斜槽在竖直方向的位置关系满足 $oa : ab : bc : cd = 1 : 3 : 5 : 7$，所以小球在空中的飞行时间相等，如果 $oa' : a'b' : b'c' : c'd' = 1 : 1 : 1 : 1$，就说明小球在沙槽中的位置间隔相等。

请看一组实验记录的相片：

通过实验可以观察到，在水平沙槽内小球的位置几乎是相等的。

在误差允许的范围内，我们可以得出结论：小球在水平方向上，在相等的时间内通过的位移相等，即小球在水平方向的运动是匀速直线运动。

我们还可以利用频闪照片对平抛运动做更精细的研究，请看平抛运动和自由落体运动的频闪照片。

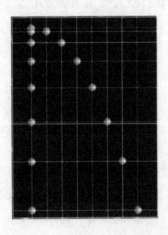

通过这张照片上的坐标线可以看出，平抛运动的物体在竖直方向上与自由落体运动相同，在水平方向上相等的时间间隔内通过的位移相等，是匀速直线运动。

因此平抛运动可以分解为水平方向和竖直方向上的两个分运动。

水平方向：匀速直线运动；竖直方向：自由落体运动，是匀变速直线运动。

（三）课外探究

1997 年 6 月 1 日，"亚洲第一飞人"柯受良驾驶汽车，成功飞越 50 米宽的黄河壶口瀑布，聚集在黄河两岸的数万名观众无不为之惊叹。从此，国内各种"飞越"壮举不断。

柯受良和汽车在飞越黄河过程中可以近似看成做平抛运动。

水平方向位移 x 与时间存在 $x = v_0 t$ 的关系；

竖直方向位移 y 与时间存在 $y = \frac{1}{2}gt^2$ 的关系。由于分运动与合运动具有等

时性，将两个位移公式联立推导出：$v_0 = x\sqrt{\dfrac{g}{2y}}$。

五、作业设计

1. 请大家尝试自己完成这个实验。

2. 想要通过这个实验得到平抛运动轨迹，想想该如何操作？

3. 某卡车在限速 60km/h 的公路上与路旁的障碍物相撞。处理事故的警察在泥地中发现了一个小的金属物体，可以判断，它是事故发生时车顶上一个松脱的零件被抛出而陷在泥地里的。警察测得这个零件在事故发生时的原位置与陷落点的水平距离为 13.3m，车顶距泥地的竖直高度为 2.45m。请根据这些数据为该车是否超速提供依据。

六、设计说明

作业 1：这道题的设计初衷是希望学生能够独立完成实验，培养他们的动手能力。在实验中，体会形成平抛运动的物体需要具备的条件，从而深刻理解平抛运动条件，更能够灵活掌握影响平抛运动的因素，比如运动时间问题、水平射程问题等。

作业 2：这道题的设计是结合《普通高中物理课程标准（2017 年版）》中的学生实验——"研究平抛物体的运动"而设计的，在《研究平抛物体的运动》的实验中，实验目的有两点：一是"描绘平抛物体运动的轨迹"；二是"会计算平抛物体运动的初速度"。在这里强调达成第一个实验目的。

作业 3：解答：根据平抛运动的初速度公式 $v_0 = x\sqrt{\dfrac{g}{2y}}$ ，解得：$v_0 = 67.7 \text{km/h}$。

由于 $v_0 > v$，可以判断出这辆汽车超速。

理论分析 掌握规律

——《平抛运动的规律》微资源设计

北京市第二中学通州校区 刘艳

一、内容说明

对应高中物理课程标准内容知识点：2.2.2 会用运动合成与分解的方法分析平抛运动。体会将复杂运动分解为简单运动的物理思想。

内容分析：平抛运动是曲线运动一章的重点，是一种最基本、最重要的曲线运动，是运动的合成与分解知识的第一次应用，是理解和掌握其他曲线运动的基础。平抛物体的运动是一种典型的匀变速曲线运动，它体现了处理复杂曲线运动的基本方法——先分解成几个简单的直线运动，再进行合成，从而理解运动的独立性原理和叠加原理，并且会利用这种方法解决问题。本章的内容较简单，得出结论也并不难，但是用运动的合成与分解分析问题的方法，是运动学最常见的一种重要的研究问题方法。本节重点是掌握平抛运动的研究方法，使学生学会用运动的合成与分解来研究复杂的曲线运动，并通过分析，归纳出其运动规律。

二、教学目标分析

物理观念：能够用运动的分解方法研究平抛运动，掌握平抛运动的特点和规律。

科学思维：重点是掌握平抛运动的研究方法——运用运动的合成与分解分析问题的方法，是运动学最常见的一种重要的研究问题方法。

科学探究：使学生能够综合运用已学知识，来探究新问题的研究方法。训练逻辑推理能力、分析综合能力以及培养学生解决实际问题的能力。

科学态度与责任：培养学生的团结协作精神。

三、教学重难点分析

教学重点：平抛运动规律的研究方法；平抛运动的特点和规律。

教学难点：平抛运动的研究方法——运动的合成与分解。

四、教学过程

（一）知识回顾，引入新课

1.平抛运动的概念：只受重力作用，初速度为水平方向的抛体运动

2.平抛运动的特点：匀变速曲线运

$a=g$ 恒定不变，加速度不变的运动是匀变速运动

平抛运动的研究思路：运动的分解——化曲为直

（二）讲授新课

平抛运动的规律讲解

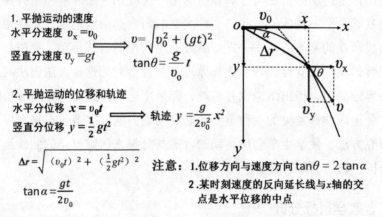

1. 平抛运动的速度

水平分速度 $v_x = v_0$

竖直分速度 $v_y = gt$

$\Longrightarrow$ $v = \sqrt{v_0^2 + (gt)^2}$

$\tan\theta = \dfrac{g}{v_0}t$

2. 平抛运动的位移和轨迹

水平分位移 $x = v_0 t$

竖直分位移 $y = \dfrac{1}{2}gt^2$

$\Longrightarrow$ 轨迹 $y = \dfrac{g}{2v_0^2}x^2$

$\Delta r = \sqrt{(v_0 t)^2 + \left(\dfrac{1}{2}gt^2\right)^2}$

$\tan\alpha = \dfrac{gt}{2v_0}$

注意：1.位移方向与速度方向 $\tan\theta = 2\tan\alpha$

2.某时刻速度的反向延长线与 x 轴的交点是水平位移的中点

【设计意图】利用运动的分解合成思维，讨论交流平抛运动的规律。

3.速度的改变量

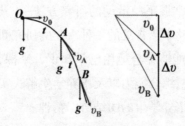

任意相等时间间隔 t 内的速度改变量均竖直向下，且 $\Delta v = v_y = gt$。

【设计意图】利用数学知识分析理解平抛运动中的速度变化量大小、方向。

（三）课外探究：平抛运动的应用

从同一点水平抛出后落到地面的两个粉笔头，它们在空中运动的时间有什么关系？如果想让粉笔头在空中运动的时间更长，该怎么做？如果想将粉笔头抛得更远，又该怎么做？如果想让粉笔头落地速度更大，又该怎么做呢？

【设计意图】应用平抛运动规律分析解决实际问题。

五、作业设计

知识点一：对平抛运动的理解

1.质点从同一高度水平抛出，不计空气阻力，下列说法正确的是（　　　）

A. 质量越大，水平位移越大

B. 初速度越大，落地时竖直方向速度越大

C. 初速度越大，空中运动时间越长

D. 初速度越大，落地速度越大

2. 如图所示，在光滑的水平面上有一小球 A 以初速度 v_0 运动，同时在它的正上方有一小球 B 以初速度 v_0 水平抛出，并落于 C 点，忽略空气阻力，则（　　　）

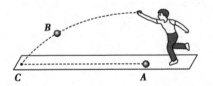

A. 小球 A 先到达 C 点　　　　B. 小球 B 先到达 C 点

C. 两球同时到达 C 点　　　　D. 无法确定

知识点二：平抛运动规律的应用

3. 在平坦的垒球运动场上，击球手挥动球棒将垒球水平击出，垒球飞行一段时间后落地，若不计空气阻力，则（　　　）

A. 垒球落地时瞬时速度的大小仅由初速度决定

B. 垒球落地时瞬时速度的方向仅由击球点离地面的高度决定

C. 垒球在空中运动的水平位移仅由初速度决定

D. 垒球在空中运动的时间仅由击球点离地面的高度决定

4. 以速度 v_0 水平抛出一球，某时刻其竖直分位移与水平分位移相等，则下列判断中错误的是 （　　）

A. 竖直分速度等于水平分速度　　B. 此时球的速度大小为 $\sqrt{5}\,v_0$

C. 运动的时间为 $\dfrac{2v_0}{g}$　　D. 运动的位移是 $\dfrac{2\sqrt{2}v_0^2}{g}$

【参考答案】1.D　2.C　3.D　4.A

复杂运动　简单处理

——《斜抛运动》微资源设计

首都师范大学附属中学通州校区　王丽丽

一、内容说明

对应高中物理课程标准内容知识点： 2.2.2 体会将复杂运动分解为简单运动的物理思想。能分析生产生活中的抛体运动。

内容分析： 本课题是在学完运动的合成与分解、竖直方向上的抛体运动和平抛运动的基础上，来探究斜抛运动的问题。不仅使学生对抛体运动有完整的认识，且能进一步理解运动的独立性、运动的合成与分解。对斜抛运动可以从运动轨迹和射高、射程两方面理解。斜抛运动的运动轨迹是一条抛物线，可以把斜抛运动看成是水平方向的匀速直线运动与竖直方向的竖直上抛运动的合运动；射高与射程和初速度及抛射角有关。斜抛运动是学生生活中比较熟悉的现象，从生活中来，到生活中去，以加深对斜抛运动的理解。

二、教学目标分析

物理观念： 知道斜抛运动，知道斜抛运动可以分解成水平方向的匀速直线运动和竖直方向的竖直上抛运动。了解弹道曲线。

科学思维： 能运用运动的合成与分解方法解决日常生活中有关的斜抛问题，培养理论联系实际、运用理论解决实际问题的能力。

科学探究： 经历斜抛运动探究过程，尝试运用科学探究的方法解决斜抛运动问题。

科学态度与责任： 使学生领略斜抛运动的对称与和谐，发展对科学的好奇心和求知欲。

三、教学重难点分析

教学重点： 斜抛运动的规律的推导；用运动的合成与分解方法处理斜抛

运动。

教学难点： 斜抛运动的规律的推导；影响射高、射程的因素。

四、教学过程

（一）引入新课

斜抛运动也是生活、生产中常见的一种运动形式。斜抛运动较复杂，我们首先来研究其运动轨迹的特点。

（二）讲授新课

1.斜抛运动

定义：以一定的初速度将物体与水平方向成一定的角度斜向上抛出，物体仅在重力作用下所做的曲线运动。

性质：匀变速曲线运动。

特点：①有斜向上的初速度；②只受重力作用；③$a = g$；④运动轨迹是抛物线。

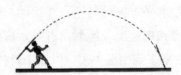

2.斜抛运动规律

水平方向：匀速直线运动；　竖直方向：竖直上抛运动。

速度规律：$\begin{cases} v_{0x} = v_0 \cos\theta \\ v_{0y} = v_0 \sin\theta \end{cases}$　位移规律：$\begin{cases} x = v_0 \cos\theta \cdot t \\ y = v_0 \sin\theta \cdot t - \dfrac{1}{2}gt^2 \end{cases}$

当$v_y = 0$时，小球达到最高点，所用时间$t = \dfrac{v_0 \sin\theta}{g}$

小球飞行时间为$T = 2t = \dfrac{2v_0 \sin\theta}{g}$

【设计意图】通过运用运动的合成与分解，处理斜抛运动的规律。让学生体会物理知识的融会贯通。

3.射高和射程

射程：最大的水平距离$x_{\max}$，$x_{\max} = \dfrac{v_0^2 \sin 2\theta}{g}$

射高：最大的竖直距离 y_{max}　　$y_{max} = \dfrac{v_{0y}^2}{2g} = \dfrac{v_0^2 \sin^2 \theta}{2g}$

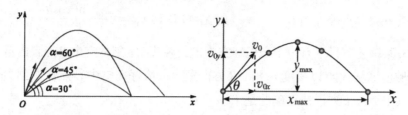

（三）课外探究

忽略空气阻力的轨迹为抛物线，如果考虑空气阻力，轨迹还是抛物线吗？

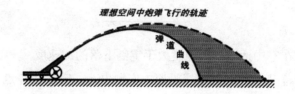

五、作业设计

知识点一　斜抛运动定性规律

1.斜抛运动与平抛运动相比较，下列说法正确的是（　　　）

A.斜抛运动是曲线运动，它的速度、方向不断改变，不可能是匀变速运动

B.都是加速度逐渐增大的曲线运动

C.平抛运动是速度一直增大的运动，而斜抛运动是速度一直减小的运动

D.都是任意两段相等时间内的速度变化大小相等的运动

知识点二　斜抛运动定量规律

2.（多选）如图所示，一物体以初速度 v_0 做斜抛运动，v_0 与水平方向成 θ 角，AB 连线水平，则从 A 到 B 的过程中下列说法正确的是（　　　）

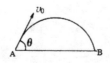

A. 上升时间 $t = \dfrac{v_0 \sin\theta}{g}$ B. 最大高度 $h = \dfrac{(v_0 \sin\theta)^2}{2g}$

C. 在最高点速度为 0   D. AB 间位移 $x_{AB} = \dfrac{2v_0^2 \sin\theta\cos\theta}{g}$

3. 某综艺节目中有一个橄榄球空中击剑游戏: 宝剑从空中 B 点自由落下, 同时橄榄球从 A 点以速度 v_0 沿 AB 方向抛出, 恰好在空中 C 点击中剑尖, 不计空气阻力。下列说法正确的是（   ）

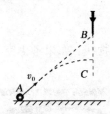

A. 橄榄球在空中运动的加速度大于宝剑下落的加速度

B. 橄榄球若以小于 v_0 的速度沿原方向抛出, 一定能在 C 点下方击中剑尖

C. 橄榄球若以大于 v_0 的速度沿原方向抛出, 一定能在 C 点上方击中剑尖

D. 橄榄球无论以多大速度沿原方向抛出, 都能击中剑尖

【参考答案】1. D   2. ABD   3. C

抓住主线　建立概念

——《圆周运动的基本概念》微资源设计

北京市通州区永乐店中学　张　静

一、内容说明

对应高中物理课程标准内容知识点： 2.2.3 会用线速度、角速度以及周期描述匀速圆周运动。

内容分析： 本节涉及描述圆周运动快慢的几个物理量和匀速圆周运动的特点。在此基础上讨论这几个物理量之间的关系，为后续解释生活中的现象和解决相关问题奠定了基础，也为下一章学习万有引力定律打下知识基础。

二、教学目标分析

物理观念： 树立运动观念，知道什么是圆周运动、匀速圆周运动。理解线速度、角速度以及周期的概念，会用线速度、角速度公式进行计算。

科学思维： 运用极限法理解线速度的瞬时性，掌握运用圆周运动的特点如何去分析有关问题。

科学探究： 知道描述物体做圆周运动快慢的方法，进而引出描述物体做圆周运动快慢的物理量：线速度 v、角速度 ω、周期 T 以及转速 n 等。

科学态度与责任： 体会物理知识来源于生活、服务于生活的价值观，激发学生学习兴趣。

三、教学重难点分析

教学重点： 线速度、角速度、周期的概念及相互关系的理解和应用；匀速圆周运动的特点。

教学难点： 理解线速度、角速度、周期的物理意义及引入这些概念的必要性；理解线速度的瞬时性和矢量性，理解匀速圆周运动是变速运动。

四、教学过程

（一）引入新课

在游乐场乘坐摩天轮时，人随摩天轮运动，轨迹为圆周。我们把这类轨迹为圆周或一段圆弧的机械运动称为圆周运动。

和抛体运动一样，圆周运动也是一种常见的曲线运动。日常生活中，电风扇工作时叶片上的点、时钟指针的尖端、天体的运行等，都在做圆周运动。

【设计意图】利用图片，唤醒学生的生活经验。

（二）讲授新课

【探究】如何比较圆周运动的快慢？

怎样比较圆周运动的快慢呢？猜想可以用哪些方法？

比较质点在相同时间内通过的弧长；比较质点在相同时间内转过的角度；比较质点在相同时间内转过的圈数。

【设计意图】根据经验猜想比较圆周运动快慢的方法。

1.线速度

在图中，物体沿圆弧运动，在某时刻 t 经过 A 点。为了描述物体经过 A 点附近时运动的快慢，可以取一段很短的时间 Δt，物体在这段时间内由 A 运动到 B，通过的弧长为 Δs。弧长 Δs 与时间 Δt 之比反映了物体在 A 点附近运动的快慢，如果 Δt 非常非常小，$\frac{\Delta s}{\Delta t}$ 就可以表示物体在 A 点时运动的快慢，通常把它称为线速度的大小，用符号 v 表示，则有 $v = \frac{\Delta s}{\Delta t}$，线速度的方向为物体做圆周运动时该点的切线方向。

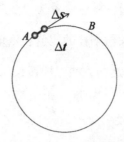

如果物体沿着圆周运动，并且线速度的大小处处相等，这种运动叫作匀速圆周运动。

特别提醒：匀速圆周运动的线速度方向是在时刻变化的，因此它是一种变速运动，这里的"匀速"是指速率不变。

【设计意图】理解线速度的概念，知道其定义、公式和单位；理解线速度是矢量，知道其方向的确定方法。

2. 角速度

风车叶片上的 A 点和 B 点共同转动一圈，线速度并不相同，而它们转过的角度却相同，所以我们还得从角度方面来考虑圆周运动的快慢。

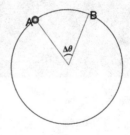

为了描述在运动过程中角度变化快慢的不同，物理学中引入一个量来描述它。我们把这个量叫作"角速度"，用符号 ω 表示。

（1）定义：做圆周运动的物体某段时间内转过的角度与该段时间的比值叫作角速度。

（2）定义式：$\omega = \dfrac{\Delta\theta}{\Delta t}$

（3）物理意义：描述做圆周运动的物体转动快慢的物理量。

（4）单位：rad/s 或 s^{-1}

弧度的定义，弧度是个怎样的单位呢？

我们知道，同样半径的圆，圆心角 θ 越大，它所对的圆弧的弧长就越大，二者成正比。因此可以用弧长与半径的比值表示角的大小。公式 $\theta = \dfrac{l}{R}$，从表达式分析 θ 的单位，为了表达的方便，把弧长与半径的比值常数与普通常数区分开来，我们给 θ 一个单位"弧度"，用符号 rad 表示。

【设计意图】理解角速度的概念，知道其定义、公式和单位；理解角速度是矢量，知道其方向的确定方法。

3.皮带链条传动、齿轮咬合：边缘点线速度大小相等

同轴转动：各个点角速度相等。

4.周期、频率、转速

做匀速圆周运动的物体，运动一周所用的时间叫作周期（period），用 T 表示。周期也是常用的物理量，它的单位与时间的单位相同。

技术中常用转速来描述物体做圆周运动的快慢。转速是指物体转动的圈数与所用时间之比，常用符号 n 表示，转速的单位为转每秒（r/s），或转每分（r/min）。

频率表示单位时间转过的圈数，用 f 表示。

	周期	频率	转速
定义	物体运动一周所用的时间	物体在单位时间所转过的圈数	物体转动的圈数与所用时间之比
符号	T	f	n

	周期	频率	转速
单位	s	Hz 或 s^{-1}	r/s 或 r/min
物理意义	描述物体做圆周运动的快慢		
关系	$n=f=\dfrac{1}{T}$		

（三）课外探究

1.很多同学特别青睐变速自行车，可是你知道变速自行车变速的原理吗？结合本节内容查查资料，说一说。

2.海南文昌卫星发射中心比我国其他卫星发射中心在地理位置上有何种优势？

【设计意图】通过各种比较快慢的方法主动探究并解释圆周运动现象。

五、作业设计

知识点一 对匀速圆周运动的理解

1.关于匀速圆周运动，下列说法正确的是（　　　）

A.匀速圆周运动是匀速运动

B.匀速圆周运动是匀变速曲线运动

C.匀速圆周运动是变加速曲线运动

D.做匀速圆周运动的物体必处于平衡状态

知识点二 各物理量之间的关系

2.如图所示，A、B 两点分别位于大、小轮的边缘上，大轮的半径是小轮的 2 倍，它们之间靠摩擦传动，接触面上没有相对滑动，A、B 两点的线速度之比和角速度之比为（　　　）

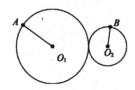

A.1：1　1：2　　B.1：2　1：1　C.1：1　2：1　D.1：1　1：1

3.（多选）如图所示，静止在地球上的物体都要随地球一起转动，a 是位

于赤道上的一点，b 是位于北纬 30° 的一点，则下列说法正确的是（　　）

A.a、b 两点的运动周期都相同　　B. 它们的角速度是不同的

C.a、b 两点的线速度大小相同　　D.a、b 两点线速度大小之比为 $2:\sqrt{3}$

4.（多选）如图所示为某一皮带传动装置。主动轮的半径为 r_1，从动轮的半径为 r_2。已知主动轮做顺时针转动，转速为 n，转动过程中皮带不打滑。下列说法正确的是（　　）

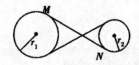

A. 从动轮做顺时针转动　　　　B. 从动轮做逆时针转动

C. 从动轮的转速为 $\dfrac{r_1}{r_2}n$　　　　D. 从动轮的转速为 $\dfrac{r_2}{r_1}n$

【参考答案】1.C　2.A　3.AD　4.BC

控制变量 领悟探究

——《探究向心力的影响因素》微资源设计

北京市第二中学通州校区 张凤琦

一、内容说明

对应高中物理课程标准内容知识点： 2.6.2 探究向心力的影响因素。

内容分析： 学生第一次接触变力作用下的曲线运动，通过定性实验先让学生在感性体验的基础上建立向心力的概念，再从定性到定量进行科学探究，探究向心力大小的影响因素。向心力概念的建立，是分析圆周运动的核心，也是分析天体运动、带电粒子在磁场中的运动的知识基础。

二、教学目标分析

物理观念： 知道向心力大小的影响因素，掌握向心力的表达式。

科学思维： 熟练使用控制变量法，培养学生分析、归纳的能力。

科学探究： 感受影响向心力大小的因素，通过实验探究它们之间的关系，培养学生实验探究的能力。

科学态度与责任： 增强学生的实验探究意识，培养学生的探究精神。

三、教学重难点分析

教学重点： 探究向心力的影响因素。

教学难点： 寻找影响向心力因素之间的定量关系。

四、教学过程

（一）引入新课

思考与讨论：游乐场中的"飞椅"受到绳子的拉力大小受什么因素影响？与游客的重力大小、旋转的速度有没有关系？还可能与什么因素有关？

【设计意图】联系生活实际，引发学生对于向心力的影响因素的思考。

（二）讲授新课

1.定性感受向心力的影响因素

学生体验：在水平面抡绳栓小球，使小球做圆周运动，感受绳子拉力的大小。可通过下图感受向心力。

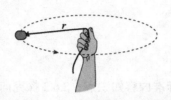

小球所受向心力近似等于手通过绳对小球的拉力。

猜想：向心力的大小与小球运动速度有关，与绳子长度有关，与小球质量有关。

定性实验：

（1）当绳子长度和小球质量一定时，改变小球运动速度；

（2）当小球质量和小球速度一定时，改变绳子长度；

（3）当绳子长度和小球速度一定时，改变小球的质量。定性感受绳子拉力的大小，初步验证猜想。

通过定性分析，得出初步结论：向心力的大小与小球运动速度、绳子长度、小球质量有关。

在控制其他物理量不变的情况下：

小球运动速度越快，向心力越大；

绳子越长，向心力越大；

小球质量越大，向心力越大。

定性分析还不能得出向心力大小与这些影响因素的确切关系，在物理学中，认识物理量时可以先从定性了解，然后再探究不同物理量间的定量关系。因此我们下面通过实验定量研究。

【设计意图】通过定性实验，让学生猜想影响加速度大小的因素，体会小球运动速度、运动半径、小球质量对于向心力的影响。渗透从定性分析到定量探究的物理研究方法。

2.定量感受向心力的影响因素

演示实验：向心力演示器（见下图），介绍实验器材，分析实验原理。

观察现象，记录结果：

①向心力与质量的关系：ω、r 一定，当 $m_A=2m_B$ 时，$F_A = 2F_B$，

②向心力与半径的关系：m、ω 一定，当 $r_A=2r_B$ 时，$F_A = 2F_B$，

③向心力与角速度的关系：m、r 一定，当 $\omega_A=2\omega_B$ 时，$F_A = 4F_B$，

实验结论：

①当 r 与 ω 不变时，F 正比于 m；

②当 m 与 ω 不变时，F 正比于 r；

③当 m 与 r 不变时，F 正比于 ω^2。

分析归纳：综合上述实验结果可知：物体做匀速圆周运动需要的向心力与物体的质量成正比，与半径成正比，与角速度的二次方成正比。但我们不能由一个实验、一次测量就得到定论，实际上要进行多次测量、大量实验，我们还可以设计很多实验都能得出这一结论，说明这是一个带有共性的结论。

总结：向心力的大小与小球质量成正比、与小球角速度的平方成正比、与运动半径成正比。

得到向心力大小的公式：$F=m\omega^2r$

【设计意图】通过定量实验，探究加速度大小的影响因素，培养学生从定性分析到定量探究的科学精神；学生通过实验现象得到实验结论，培养学生分析、归纳、总结的能力。

3. 推导向心力大小的公式

由圆周运动角速度与线速度、周期的关系，得：

$$F_n = ma_n = m\omega^2 r = m\frac{v^2}{r} = m\left(\frac{2\pi}{T}\right)^2 r$$

（三）课外探究

1. 分析"飞椅"所受绳的拉力与哪些因素有关。

2. 研究汽车在水平公路上转弯时限速与什么因素有关。

【设计意图】应用所学物理知识分析解决实际问题。

五、作业设计

1.（多选）在光滑的水平面上，用长为上的细线拴一质量为 m 的小球，以角速度 ω 做匀速圆周运动，下列说法中正确的是（   ）

A. l、ω 不变，m 越大，线越易被拉断

B. m、ω 不变，l 越小，线越易被拉断

C. m、l 不变，ω 越大，线越易被拉断

D. m 不变，l 减半且角速度加倍时，线的拉力不变

2. 如图所示，半径为 r 的圆筒，绕竖直中心轴 OO' 转动，小物块 a 靠在圆筒的内壁上，它与圆筒的动摩擦因数为 μ，现要使 a 不下落，则圆筒转动的角速度 ω 至少为（   ）

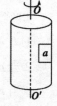

A. $\sqrt{\mu g/r}$ B. $\sqrt{\mu g}$ C. $\sqrt{g/r}$ D. $\sqrt{g/\mu r}$

3. 汽车甲和汽车乙的质量相等，以相等的速率沿同一水平弯道做匀速圆周运动，甲车在乙车的外侧，两车沿半径方向受到的摩擦力分别为 $f_甲$ 和 $f_乙$，以下说法正确的是（   ）

A. $f_甲$ 小于 $f_乙$ B. $f_甲$ 等于 $f_乙$

C. $f_甲$ 大于 $f_乙$ D. $f_甲$ 和 $f_乙$ 的大小均与汽车速率无关

4. 如图所示，光滑水平桌面上的 O 处有一光滑的圆孔，一根轻绳一端系质量为 m 的小球，另一端穿过小孔拴一质量为 M 的木块。当 m 以某一角速度在桌面上做匀速圆周运动时，木块 M 恰能静止不动，这时小球做圆周运动的半径为 r，求此时小球做匀速圆周运动的角速度。

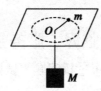

【参考答案】1. AC 2. D 3. A 4. $\sqrt{\dfrac{Mg}{mr}}$

寻求临界　服务生活

——《汽车过桥问题》微资源设计

北京市第二中学通州校区　刘　佳

一、内容说明

对应高中物理课程标准内容知识点：2.2.3 能用牛顿第二定律分析圆周运动的向心力。了解生产生活中的离心现象及其产生的原因。

内容分析：依据学习金字塔理论，本节课主要想让学生利用牛顿第二定律来分析生活中的汽车过凹凸桥问题的理论分析，解决竖直平面内的圆周运动的临界问题的体验与分析，进一步引导学生关注圆周运动与日常生活的联系，能够认识生活中的圆周运动，真正学会利用向心力知识以及牛顿第二定律分析圆周运动的问题。

二、教学目标分析

物理观念：理解汽车过桥的向心力来源，熟练掌握应用牛顿第二定律解决圆周运动问题的解题思路。

科学思维：建立模型，解决竖直平面内的圆周运动的临界问题的体验与分析。

科学探究：总结牛顿第二定律计算圆周运动的问题的解题思路，培养学生观察、分析、归纳、总结物理解题方法的能力。

科学态度与责任：提升学生勇于实践、乐于探索的科学素养，让学生拥有自主解决问题的态度，提高学生关注生活的意识，体会物理源于生活，服务于生活。

三、教学重难点分析

教学重点：熟练掌握应用牛顿第二定律解决圆周运动问题的解题思路。

教学难点：解决竖直平面内的圆周运动的临界问题。

四、教学过程

（一）引入新课

模拟展示汽车过凹桥的超重现象。

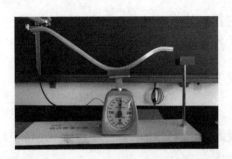

知识再现：解决动力学中的圆周运动问题的基本思路。

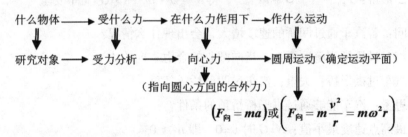

【设计意图】通过模拟汽车过桥引出本节课要解决的问题，引起学生研究问题的兴趣；通过知识再现的形式使学生解决问题能够有抓手，掌握方法。

（二）讲授新课

观看图片（生活中的水平桥、拱形桥、凹行桥），简单介绍赵州桥的组成和结构。

1.拱（凸）形桥

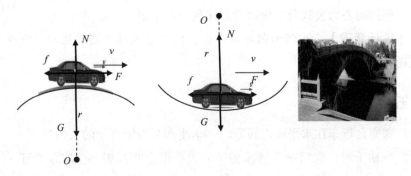

例1：汽车质量为 m，通过桥最高点速度为 v，桥半径为 R，则在最高点汽车对桥的压力为多大？

凸形桥： $F_{向} = G - N = m\dfrac{v^2}{r}$ 　得 $N = G - m\dfrac{v^2}{r} < G$ （安全）

问：若汽车通过拱桥的速度增大，会出现什么情况？

问：$N = 0$ 时，汽车的速度为多大？

$$mg = m\dfrac{V^2}{R} \implies v = \sqrt{gR}$$

2.凹形桥

例2：汽车质量为 m，通过桥最低点速度为 v，桥半径为 R，则在最低点汽车对桥的压力为多大？

凹形桥： $F_{向} = N - G = m\dfrac{v^2}{r}$ 　得 $N = G + m\dfrac{v^2}{r} > G$ （不安全）

问：若汽车通过凹桥的速度增大，会出现什么情况？

汽车过桥模型解题要点：指向圆心的合力 = 向心力

汽车过拱形桥：失重；汽车过凹形桥：超重

思考：汽车能够通过拱形桥桥顶的条件？

最高点速度最小值：$N=G$ 时 $v=0$ 即 $v \geq 0$

【设计意图】联系生活实际，汽车过拱桥限速的原因；为什么生活中都是拱形桥，在桥顶汽车处于失重状态，不易将桥压坏。

（三）总结归纳：圆周运动解题步骤

1.确定研究对象。

2.受力分析。

3.明确"向心力来源"（指向圆心的力减背离圆心的力）。

4.根据向心力公式及牛顿运动定律列方程求解。

【设计意图】从生活回归物理课堂，提示学生解决圆周运动的重点在于寻找向心力。

五、作业设计

1.探究自行车在水平面内转弯时，车速和车身倾斜角的关系？

2.荡秋千时，你对秋千底座的压力大小恒定吗？想办法实际验证一下，并解释为什么。

3. 观察饭店的转桌能不能转太快？估算转速为多大时盘子将飞出，与什么因素有关？

4. 调查公路自行车赛道拐弯处的设计。

5. 学玩呼啦圈，探究其中的技巧与原理。

6. 学玩溜溜球，探究其中的技巧与原理。

7. 观察不同自行车车轮与脚踏板转速之间的关系。

六、设计说明

从生活走向物理课堂，从物理课堂回归生活，应用课堂所学知识解决圆周运动的重点在于寻找向心力，列出牛顿第二定律表达式，并进一步完成向心力的极值分析——使复杂问题简单化，课下作业重在训练学生类比归纳能力及自主探究能力。

剖析原理　举一反三

——《火车转弯问题》微资源设计

北京市第二中学通州校区　刘　佳

一、内容说明

对应高中物理课程标准内容知识点：2.2.3 能用牛顿第二定律分析匀速圆周运动的向心力。了解生产生活中的离心现象及其产生原因。

内容分析：火车转弯问题是圆周运动的一个实例，由于实际生活中是内外轨高度不一样，才使得火车转弯时能够既不挤压外轨也不挤压内轨。本微课利用圆周运动知识解析火车内外轨高度差的原因，并分析火车转弯时限速的计算方式，进而介绍飞机及鸟在空中飞行转弯的原理等，让学生能举一反三，加深理解。

二、教学目标分析

物理观念：知道火车转弯的向心力的来源。

科学思维：能够利用圆周运动知识进行建模，求解火车转弯限速时的速度大小。

科学探究：能够举一反三了解小鸟、飞机、汽车转弯的原理。

科学态度与责任：了解工程设计基础，让理论与实际相结合。

三、教学重难点分析

教学重点：知道火车转弯的向心力的来源。

教学难点：能够利用圆周运动知识进行建模，求解火车转弯限速时的速度大小。

四、教学过程

（一）引入新课

播放生活中各种汽车、火车、摩托车转弯的图片。设问：假如你是铁路设计的工程师，你打算用什么办法为火车转弯时所做的圆周运动来提供向心力呢?

【设计意图】生活引出物理问题，解决问题回归生活。

（二）讲授新课

1. 观察火车车轮的结构特点

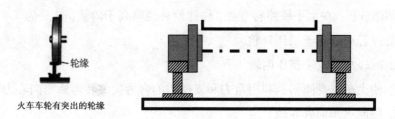

火车车轮有突出的轮缘

观察发现：车轮上有突出的轮缘，在铁轨上可以起到限定方向的作用。

2. 火车转弯处内外轨无高度差

外轨对轮缘的弹力 F 就是使火车转弯的向心力。

根据牛顿第二定律 $F = m\dfrac{V^2}{R}$ 可知

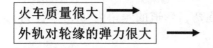

外轨和外轮之间的磨损大，铁轨容易受到损坏。

3. 火车转弯处内外轨无高度差

根据牛顿第二定律

$$F = mg\tan\alpha = m\frac{V^2}{R}$$

$$V = \sqrt{Rg\tan\alpha}$$

$V > \sqrt{Rg\tan\alpha}$ 外轨对外轮缘有弹力

$V < \sqrt{Rg\tan\alpha}$ 内轨对内轮缘有弹力

4.火车转弯时的临界速度

设内外轨间的距离为 L，内外轨的高度差为 h，火车转弯的半径为 R，则火车转弯的规定速度 v_0 为多少？

分析总结：水平面内的圆周运动，轨迹在水平面内，向心力也一定在水平面内。向心力是按效果命名的力，任何一个或几个力的合力，只要它的作用效果是使物体产生向心加速度，它就是物体所受的向心力。

【设计意图】能够利用圆周运动的知识理解各类车辆转弯的物理学原理，掌握水平面内的圆周运动以及轨迹在水平面内，向心力也一定在水平面内的原因。由物理知识解决生活问题。

例题分析：在水平铁路转弯处，往往使外轨略高于内轨，这是为了（　　　）

A.减轻火车轮子挤压外轨

B.减轻火车轮子挤压内轨

C.使火车车身倾斜，利用重力和支持力的合力提供转弯所需向心力

D.限制火车向外脱轨

（三）课外探究

1.盘旋的鸟或飞机，也是依靠倾斜来获得所需要的向心力。鸟或飞机借助垂直于翼面的空气作用力——升力，在空气中飞翔。当翼面倾斜时，垂直于翼面的升力和重力的合力提供向心力，使鸟或飞机转弯。

2.在高速公路的拐弯处，路面造得外高内低是什么原因？

如图所示，汽车在倾斜的弯道上拐弯，弯道的倾角为 θ，半径为 r，则汽车完全不靠摩擦力转弯的速率是多大？

 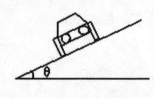

【设计意图】透彻理解火车转弯原理，自主探究分析汽车转弯特点。

五、作业设计

1. 赛车在倾斜的轨道上转弯，如图所示，弯道的倾角为 θ，半径为 r，则赛车完全不靠摩擦力转弯的速率是（设转弯半径水平）（　　）

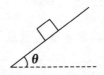

A. $\sqrt{gr\sin\theta}$　　　　B. $\sqrt{gr\cos\theta}$　　　　C. $\sqrt{gr\tan\theta}$　　　　D. $\sqrt{gr\cot\theta}$

2. 如图所示，高速公路转弯处弯道半径 $R = 100$ m，汽车的质量 $m = 1\,500$ kg，重力加速度 $g = 10$ m/s^2。

（1）当汽车以 $v_1 = 10$ m/s 的速率行驶时，其所需的向心力为多大？

（2）若汽车轮胎与路面间的动摩擦因数 $\mu = 0.4$，且最大静摩擦力等于滑动摩擦力，若路面是水平的，问汽车转弯时不发生径向滑动（离心现象）所允许的最大速率 v_m 为多少？当汽车速度超过 v_m 时，将会出现什么现象？

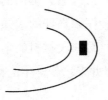

【参考答案】1.C　2.（1）1500N　（2）20m/s；汽车将做离心运动，有侧滑或翻车的危险。

史料分析　天空立法

——《天体运动的物理学史》微资源设计

北京市第二中学通州校区　刘　佳

一、内容说明

对应高中物理课程标准内容知识点：2.2.4 通过史实，了解万有引力定律的发现过程。

内容分析：本节微课的学习内容，是学习万有引力定律及天体运动问题的基础和前提。本节内容的特点是：考试要求的知识内容较少，但包含着的科学史料十分丰富，因此，本课的教学设计立足于培养学生的科学精神，在整体感知的过程中引导学生体会这些大师们的思路、方法及一丝不苟的科学精神，并激发学生热爱科学、探索真理的求知欲望，致敬科学家们的坚定信念和献身科学的精神。并通过每一段材料的学习，达到学生对相应宇宙模型能建立起具体图景的目的，以此来培养学生的科学思维能力。

二、教学目标分析

物理观念：通过学习，了解从地心说、日心说到开普勒行星运动定律的发展历程。

科学思维：通过阅读材料，能提炼出科学家的物理观点及论证，并能根据材料建立起形象的宇宙模型，促进对开普勒行星运动定律的理解。

科学探究：通过阅读材料，能认识到在当时的背景下，日心说是比地心说更先进的行星运动体系，并了解在从地心说到日心说，再到开普勒三定律建立的过程中初步形成的研究物理问题的科学方法。

科学态度与责任：体会学者、科学家们执着的、伟大的探索、钻研精神。

三、教学重难点分析

教学重点：了解从地心说、日心说到开普勒行星运动定律的发展历程。

教学难点：从地心说到日心说再到开普勒三定律建立的过程中，初步形成的研究物理问题的科学方法。

四、教学过程

（一）引入新课

远远的街灯明了，好像闪着无数的明星。

天上的明星现了，好像是点着无数的街灯。

我想那缥缈的空中，定然有美丽的街市。……

你看，那浅浅的天河，定然是不甚宽广。

那隔河的牛郎织女，定能够骑着牛儿来往。……

当我们仰望星空时，我们惊叹星空的玄妙，同时也开始了对日月星辰等奥妙现象的探索。到现在，人类已经认识的广阔的宇宙边缘甚至已达到 130 亿光年。这节课，我们将踏着先哲的脚印，乘上时光之旅，重温人类迈出地球，初识宇宙，走近太阳系的历程。

【设计意图】诗文与图片相结合，体会夜空、星辰的美。

（二）讲授新课

1. 从物理的视角走近太阳系

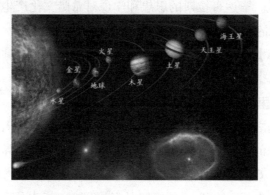

材料 1：我们现在认识的太阳系

太阳系（Solar System），是以太阳为中心，和所有受到太阳的重力约束天体的集合体：8 颗行星、至少 165 颗已知的卫星、5 颗已经辨认出来的矮行星和数以亿计的太阳系小天体。依照至太阳的距离，太阳系内的行星按顺序依次是水星、金星、地球、火星、木星、土星、天王星和海王星。8 颗行星中的 6 颗有天然的卫星环绕，在太阳系外侧的行星还被由尘埃和许多小颗粒构成的行星环环绕着。除地球外，在地球上肉眼可见的行星以五行为名，其余则与西方一样，全都以希腊和罗马神话故事中的神仙为名。

【设计意图】了解目前我们对太阳系的认识。

2. 地心说是人类早期对宇宙的认识

材料 2：毕达哥拉斯最早提出地心说

先人们观察、思考，多数人认为：地球是静止不动的，太阳、月亮和星星从天空飞过，地球是宇宙的中心。那时还没有望远镜，人们凭肉眼看到绝大多数星星的相对位置几乎是固定的，几百年内没有变化，它们被称为恒星；有 5 颗亮星在众星的背景前移动，有的在几个星期就可以看到位置的变化，人们称它们为行星。

2500 多年前，希腊的哲学家、数学家毕达哥拉斯最早提出：地球位于宇宙中心，静止不动；地球本身是一个圆球，它被球形的宇宙包裹；天上的太阳、月亮、行星，都围绕着地球作圆周运动。这就是地心说的雏形。为什么是"球形""圆轨道"？这是毕达哥拉斯从哲学观点考虑，他认为自然规律应该是和谐的，是简单完美的，他认定圆球形、圆轨道就是"完美"的形状。地心说提出的"天动"和地球中心，与人们的直观感觉一致，没有人提出疑义，人们接受了地心说。毕达哥拉斯的思想和学说对希腊文化产生了很大的影响。他的地球和天球的宇宙模式，为希腊天文学奠定了基础。

【设计意图】自然规律是简单和谐的，这个观点一直被继承到现在，作为发现的自然规律的标准。

材料 3：亚里士多德发展地心说

毕达哥拉斯之后一百多年，生于公元前 384 年的希腊人亚里士多德，发展了地心说。他的哲学思想体系使他首次尝试全面解释世界和宇宙的运作机制。凡事他都喜欢问"为什么事情会发生？"，这样的思考使他重视观察，把地心说向前推进了一大步。他根据月亮的圆缺，指出是由于地球遮蔽月球所致，进而提出地球是圆球形的。毕达哥拉斯提出地球是圆球形的，是基于自然规律的和谐完美，而亚里士多德是基于观察事实。他也提出地球处于宇宙的中心。根据观察和推测，他提出，地球外有九层天，分别是月球天、太阳天等。九层天依次圆形环套，位于第九层的天球是原始动力层，推动其他层围绕地球转。这里，是亚里士多德首次考虑到了天体运动的动力问题。

【设计意图】亚里士多德首次考虑到了天体运动的动力问题；对照现在太阳系的图景，思索从毕达哥拉斯到亚里士多德，人类的认识有了怎样的进步。

材料 4：托勒密完善地心说

托勒密找来可以找到的天文资料，详细研究，在亚里士多德的宇宙体的系基础上，提出行星轨道的本轮和均轮的模型：行星运动不仅绕地球的圆形轨道（称为均轮）运行，同时还绕着均轮上的一点为圆心，在较小的圆轨道（称为本轮）运行。在当时一定范围内，这个模型可以解释观测到的行星运动，而且可以在短时间内预报出行星位置，在航海上有实用价值，于是托勒密的地心说逐渐得到公认。

【设计意图】结合我们现在认识的太阳系，对比毕、亚的宇宙模型，思考托勒密的地心说继承了什么，有什么显著的进步？体会托勒密宇宙模型影响力的持久和宽广。科学家们代代相传，继承了对于自然规律要遵循"简单的，和谐的"标准。

3. 哥白尼提出日心说

材料 5：哥白尼"拦住了太阳，推动了地球"

哥白尼仔细研读了托勒密的《天文学大成》，开始寻找能否用更加简洁的方式描述行星的运动。经过近 20 年时间的观测和反复计算，哥白尼在著述《天体运行论》中提出了日心说。哥白尼日心说的主要内容：

（1）太阳是宇宙的中心，地球要围绕太阳旋转。

（2）太阳在中心，依次是水星、金星、地球、火星，行星都围绕太阳匀速地做圆周运动，称为公转。

（3）地球绕太阳一周的时间是一年 365 天。其他行星绕地球公转的时间都不一样，水星约 88 天，金星约 225 天，火星约 1.88 年。也就是说，离太阳越远，绕太阳一周的周期也越长，与观测符合。

（4）月球是地球的卫星，它在以地球为中心的圆轨道上，每月 27 天绕地球一周，同时跟地球一起绕太阳公转。

（5）地球每天自转一周，因为地球自转才出现日月星辰的东升西落现象。

材料 6：伽利略的天文观测

1609 年，伽利略根据凸透镜和凹透镜的光学原理，发明了望远镜，第一次将望远镜用在天文观测上，发现了几个证实日心说的有力证据：比如发现了几颗木星的卫星，这一发现动摇了所有天体都是围绕地球公转的早期宇宙学的基础；接着，伽利略观测到金星和月亮一样，有从"新月"到"满月"的变化，这一结果彻底颠覆了地心说。伽利略成为日心说坚定的支持者，并于1632年写出著作《关于托勒密和哥白尼两大世界体系的对话》，书中用对话的方式全面系统地讨论了哥白尼日心说和托勒密地心说的各种分歧，并用他的许多新发现和力学研究新成果论证了哥白尼体系的正确和托勒密体系的谬误。

【设计意图】肯定哥白尼体系中科学的部分。哥白尼日心说长时间不被接受，也反映了人们想法的进步，那就是对于科学的要求更高了，要有理有据才会被接受。

4.观天象、寻规律，辨真伪、为天空立法

材料7：第谷·布拉赫——天才的观测家

第谷出生于丹麦，12岁进入哥本哈根大学，按照家人的安排学习法律，但同时也学习其他学科，并对天文学产生了极大兴趣。通过对1560年8月21日日食的观测，年仅13岁的第谷对日食能够预报这一点留下了极深的印象，同时也从预报存在的巨大误差（1天）中意识到，要想获得更加精确的预报就必须有更加精确的天文观测。此后，他开始做详细的天文观测日志，同时也开始涉足星占学。他发现过彗星，发现过新星，编制过精密的星表。由于第谷家人的功劳，丹麦国王出资巨款，批准第谷在哥本哈根附近的汶岛建立天文台，他拥有当时最先进的天文台和观测仪器。他在汶岛天文台20多年的高精度的天文观测，积累了大量行星运动的观测资料，取得了一系列重要成果，帮助人们正确认识天文现象。

【设计意图】体会理论与实践的相辅相成、相互促进。要注重观察现象、实验，理解实验（或现象）检验的重要性。体会第谷测量的重要性，感悟第谷的伟大。

材料8：开普勒：辨真伪，为天空立法

开普勒经过反复推演，发现第谷的精密观测数据与托勒密的地心说不合，与哥白尼的日心说也不合。问题在哪儿呢？开普勒支持科学规律应该是简洁和谐的观点，坚信日心说是正确的。于是，开普勒开始在哥白尼日心说的基础上用数学方法归纳整理数据，寻找隐藏在其中的规律。

1609 年开普勒发表了《新天文学》，公布了开普勒第一、第二定律，也称行星运动第一、第二定律。

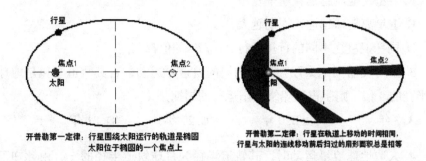

开普勒第一定律：行星围绕太阳运行的轨道是椭圆
太阳位于椭圆的一个焦点上

开普勒第二定律：行星在轨道上移动的时间相同，
行星与太阳的连线移动前后扫过的扇形面积总是相等

1618 年，开普勒出版了《世界的和谐》，发表了天体第三定律。天体的运动轨迹都可以从天体三定律中得到。精确的星体位置预言，更多的证据，使得日心说完全取代了地心说。直到现在仍然是天体运动的基本定律。

开普勒第三定律（周期定律）
所有行星的椭圆轨道的半长轴的三次方
跟公转周期的平方的比值都相等

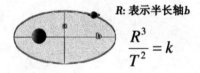

R: 表示半长轴b

$$\frac{R^3}{T^2} = k$$

（三）总结归纳：开普勒的三定律具体内容

【设计意图】落实本节课的知识要点。

五、作业设计

1.下列说法都是"日心说"的观点，现在看来其中正确的是（　　）

A.宇宙的中心是太阳，所有行星都在绕太阳做匀速圆周运动

B.地球是绕太阳运动的普通行星，月球是绕地球旋转的卫星，它绕地球做匀速圆周运动，同时还跟地球一起绕太阳运动

C.天体不动，因为地球每天自西向东转一周，造成天体每天东升西落的现象

D.与日地距离相比，恒星离地球十分遥远，比日地间距离大得多

2.（多选）根据开普勒定律，我们可以推出的正确结论有（　　）

A. 人造地球卫星的轨道都是椭圆，地球在椭圆的一个焦点上

B. 卫星离地球越远，速率越小

C. 卫星离地球越远，周期越大

D. 同一卫星绕不同的行星运行，r^3/T^2 的值都相同

3. 宇宙飞船围绕太阳在近似圆周的轨道上运动，若其轨道半径是地球轨道半径的 9 倍，则宇宙飞船绕太阳运行的周期是（　　）

A. 3 年　　　　　　B. 9 年　　　　　C. 27 年　　　　　D. 81 年

4. 人造地球卫星运动时，其轨道半径为月球轨道半径的 $\frac{1}{3}$，由此知卫星运行周期大约是（　　）

A. 1~4 天　　　　B. 4~8 天　　　C. 8~16 天　　　D. 大于 16 天

【参考答案】1.D　2.ABC　3.C　4.B

大胆猜想　梦想成真
——《万有引力定律》微资源设计

北京市第二中学通州校区　刘　佳

一、内容说明

对应高中物理课程标准内容知识点： 2.2.4 知道万有引力定律。认识发现万有引力定律的重要意义。

内容分析： 学生学习了牛顿运动定律、圆周运动和开普勒三定律，已经积累了一定的知识，具备了接受万有引力定律的基础知识。本课则在此基础上了解万有引力的发现过程，理解万有引力定律。因此在教与学的过程中让学生领悟到万有引力定律揭示了自然界最普遍的一种相互作用，它的发现具有非常重要的意义，万有引力常量的测定又赋予了万有引力定律的实用价值。

二、教学目标分析

物理观念： 理解万有引力定律的内容、表达式及适用的条件。

科学思维： 知道卡文迪许测量万有引力常量实验的设计思想：放大思想。

科学探究： 体会发现万有引力定律的过程和思维方法。

科学态度与责任： 培养探究问题的科学态度、探究创造的精神品质，感受科学探究永无止境。

三、教学重难点分析

教学重点： 推导出万有引力定律，掌握万有引力定律内容。

教学难点： 理解万有引力定律内容。

四、教学过程

（一）引入新课

据说 1665 年牛顿在老家休假时，看到苹果落地而联想到月亮绕地球转动，发现了万有引力定律。

【设计意图】关于牛顿与引力有关的现象的思考，例如苹果为什么落向地面而不飞上天空等，让学生课下阅读教材相关内容。

（二）讲授新课

1. 发现过程与推导方法

（1）若行星的质量为 m，行星到太阳的距离为 r，行星运行周期为 T。则行星需要的向心力的大小如何表示？

行星需要的向心力 $F = \dfrac{4\pi^2 mr}{T^2}$

（2）由开普勒第三定律 $\dfrac{r^3}{T^2} = k$（常量）知太阳系中行星的公转周期随半径的变化而变化，故可把 $F = \dfrac{4\pi^2 mr}{T^2}$ 中的周期 T 用 r 替换掉，请你试一试能得出怎样的结论？

由开普勒第三定律 $\dfrac{r^3}{T^2} = k$ 和 $F = \dfrac{4\pi^2 mr}{T^2}$ 消去 T 得：

$$F = 4\pi^2 k \frac{m}{r^2} \quad 即 \quad F \propto \frac{m}{r^2}$$

（3）根据牛顿第三定律，行星对太阳的力与太阳对行星的力是一对相互作用的性质相同的力，据此推知行星对太阳（受力物体）的力 F' 有怎样的关系？

行星对太阳的力 F' 应该与太阳的质量 M 成正比，即 $F' \propto \dfrac{m}{r^2}$

（4）由上述（2）（3）结论，结合 $F = F'$ 可猜测太阳与行星间的引力满足的关系式？

太阳对行星的力为 $F \propto \dfrac{M}{r^2}$，行星对太阳的力 $F' \propto \dfrac{M}{r^2}$，若这两个力相等，则会有 $F = F' \propto \dfrac{Mm}{r^2}$

2. 内容：任何两物体间都存在相互作用的引力，这个力的大小与这两个物体的质量的乘积成正比，与两物体之间的距离的平方成反比。

3. 表达式：$F = G\dfrac{m_1 m_2}{r^2}$

式中：G 为万有引力常量，是一个与物质种类无关的普适常量，其大小是 $G = 6.67 \times 10^{-11} \text{m}^3 / (\text{kg.s}^2)$

r 为两物体中心的距离。相距很远的物体可以看成质点；对质量分布均匀的球形物体而言，r 为球心距离。

由于技术问题，牛顿没有测出 G 的数值，在此定律发表 100 多年后，卡文迪许利用如图扭秤装置，通过光的反射巧妙地将微小形变进行了放大，测出了万有引力常量的数值。万有引力常量的测出使万有引力定律有了真正的实用价值，使得万有引力定律在天文学的发展上起了重要的作用。

4. 适用条件：①两质点之间；②质量均匀的球体间。

5. 万有引力定律的四性

（1）普遍性：任何客观存在的物体间都存在着相互作用的吸引力，即万有引力。

（2）相互性：两物体间的万有引力是一对作用力与反作用力，它们的大小相等、方向相反，分别作用在两个物体上。

（3）宏观性：在通常情况下，万有引力非常小（举例），只有在巨大的星体间或天体与天体附近的物体间，它的存在才有实在的物理意义（给出太阳与地球之间的引力大约是 10^{22}N）。故在分析地球表面的物体受力时，不考虑地面物体间的作用力，只考虑地球对地面物体的万有引力。

（4）特殊性：所谓特殊性是指不像电场和磁场那样受介质的影响，它与有无介质无关，只取决于物体的质量和距离。

同学们都知道重力是由于地球的吸引而受到的力，那么地球对物体的引力与物体的重力有什么关系呢？

6. 万有引力与重力的关系：由于地球的自转，重力只是物体所受万有引力的一个分力，另一分力为物体随地球自转所需向心力，由于向心力很小，所以一般近似认为地球表面（附近）上的物体，所受重力等于万有引力。

万有引力定律的发现把天体的运动和地面上物体的运动统一起来，更进一步展现了牛顿定律在宏观领域的价值，万有引力定律应用是广泛而且重要的。

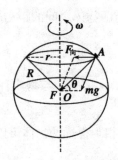

7. 应用

①发现未知天体。

②预言彗星回归。

③计算天体质量。

④人造地球卫星、宇宙速度。

【设计意图】课下布置学生阅读教材 "课外阅读"卡文迪许扭秤实验相关内容。

这个实验从设计到测量对科学家都是极大的挑战，卡文迪许研究了整整50 年才成功，从而体会到科学研究的艰辛。由此可见，实验对物理学及其相关学科的发展起着多么重大的作用，也在强调实验的重要性。

五、作业设计

知识点一：对万有引力定律的理解

1. 对于质量为 m_1 和质量为 m_2 的两个物体间的万有引力的表达式 $F = G\dfrac{m_1 m_2}{r^2}$，下列说法正确的是（   ）

A. 公式中的 G 是引力常量，它是由实验得出的，而不是人为规定的

B. 当两物体间的距离 r 趋于零时，万有引力趋于无穷大

C. m_1 和 m_2 所受引力大小总是相等的，而与 m_1、m_2 是否相等无关

D. 两个物体间的引力总是大小相等、方向相反，是一对平衡力

2. 下面关于行星与太阳间的引力的说法中，正确的是（   ）

A. 行星对太阳的引力与太阳对行星的引力是同一性质的力

B. 行星对太阳的引力与太阳的质量成正比，与行星的质量无关

C. 太阳对行星的引力大于行星对太阳的引力

D. 行星对太阳的引力大小与太阳的质量成正比，与行星和太阳的距离成反比

知识点二：万有引力定律的应用

3. 一名宇航员来到一个星球上，如果该星球的质量是地球质量的一半，它的直径也是地球直径的一半，那么这名宇航员在该星球上所受的万有引力大小是他在地球上所受万有引力大小的（　　）

A. 0.25 倍　　B. 0.5 倍　　C. 2 倍　　D. 4 倍

4. 在离地面高度等于地球半径的高度处，重力加速度的大小是地球表面重力加速度大小的（　　）

A. 2 倍　　B. 1 倍　　C. $\frac{1}{2}$ 倍　　D. $\frac{1}{4}$ 倍

【参考答案】1.AC　2.A　3.C

4. D 由"平方反比"规律知，$g \propto \frac{1}{r^2}$，故 $\frac{g'}{g_{地}} = \left(\frac{R}{Rh}\right)^2 = \left(\frac{R}{2R}\right)^2 = \frac{1}{4}$

建构模型　理清思路
——《天体运动简化模型》微资源设计

北京市第二中学通州校区　刘　佳

一、内容说明

对应高中物理课程标准内容知识点： 2.2.4 认识科学定律对人类探索未知世界的作用。

内容分析： 学生学习了牛顿运动定律、圆周运动和开普勒三定律，已经积累了一定的知识，具备了接受万有引力定律的基础知识。本节课则在此基础上了解万有引力的发现过程，理解万有引力定律和应用万有引力定律解决天体运动的两类模型。因此在教与学的过程中让学生领悟到万有引力定律揭示了自然界最普遍的一种相互作用，它的发现具有非常重要的意义。

二、教学目标分析

物理观念： 掌握天体运动的两类模型，应用万有引力定律计算天体质量的方法。

科学思维： 体会科学归纳与演绎推理的方法。

科学探究： 理解万有引力定律及应用其解决天体运动问题。

科学态度与责任： 培养学生探究问题的科学态度、探究创造的精神品质。

三、教学重难点分析

教学重点： 理解万有引力定律及应用其解决天体运动的两类模型问题的思路方法。

教学难点： 理解万有引力定律及应用其解决天体运动问题。

四、教学过程

（一）引入新课

利用万有引力如何求天体质量和天体运动的各物理量之间的关系，在这里我们要遵循一条思路，建立两个模型。

【设计意图】培养学生良好的解题习惯，学习有效的分析方法。

（二）讲授新课

模型 I：星表模型

模型解读：例如人造卫星停在地球表面。如图 1 所示。

模型特点：在星球（如地球）表面的物体，随星球自转而转动，由于自转向心加速度非常小而忽略星球自转的影响，此时物体所受重力与星球对它的万有引力视为相等。

等量关系：$mg = G\dfrac{Mm}{R^2}$

由这个关系我们可以求出星表的重力加速度 $g = \dfrac{GM}{R^2}$，还可以求出星球的质量 $M = \dfrac{gR^2}{G}$。

同学们想一想如果 g 未知，你能想办法测出它吗？对 g 未知则可以利用三种运动测出，一是利用单摆，二是自由落体，三是各类抛体运动。

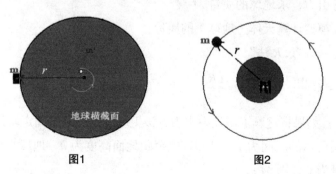

图1　　　　　　　　　图2

模型 II：环绕模型

模型解读：例如将停在地面上的卫星发射升空。

所谓环绕模型指的是一个天体 m 绕着另一个天体 M 作（近似）匀速圆周运动，其中绕行的天体称为环绕天体，即 m；另一个天体称为中心天体，即 M。

既然该模型实质就是圆周运动问题，所以我们要利用在解决圆周运动问题的方法中用的四个分析来解决这类问题，同学们想一下这四个分析是什么？利用过程分析完成四个确定、利用状态分析确定向心力表达式、利用受力分析确定向心力来源、利用条件分析确定等量关系。

模型特点：绕行天体利用中心天体对它的万有引力作为向心力。

等量关系：$F_万=F_向$，而 $F_向=ma$

用向心力的四个表达式可写成 $G\dfrac{Mm}{r^2}=ma=m\dfrac{v^2}{r}=m\omega^2 r=m\dfrac{4\pi^2}{T^2}r$

在这串公式中我们可以两两结合，求出中心天体质量 M，绕行天体的加速度 a，线速度 v，角速度 ω，公转周期 T。

现在我们对照一下这两个模型，如果在环绕模型中 M、G 未知，但知道中心天体的半径 R 和表面的重力加速度 g，我们就可以利用 $gR^2=GM$ 把它们联系起来，这个关系叫黄金代换。

【设计意图】回顾解决圆周运动的思路方法——四个分析：过程分析、状态分析、受力分析、条件分析；其中过程分析中的四个确定：确定研究对象、确定轨道平面、确定圆心、确定半径。

1.天体质量计算

例：这是一颗待发射的人造卫星停在地球表面，已知万有引力常量 G、地球半径 R 和重力加速度 g，并认为地球表面的物体受到的重力等于地球对物体的万有引力，求地球的质量 $M=$？

由星表模型计算天体（地球）的质量：

<方法一>"g,R法"

由 $mg=G\dfrac{Mm}{R^2}$ 得出 $M=\dfrac{gR^2}{G}$

拓展1：如果将这颗卫星发射出去，该卫星绕地球的某固定轨道做匀速圆周运动一周所用的时间为 T，已知该轨道距地面高度为 h，地球半径为 R，万有引力常量为 G，则 $M=$？

由环绕模型计算天体质量：

<方法二>"T,r"法

$F_万=F_向 \rightarrow G\dfrac{Mm}{r^2}=m\dfrac{4\pi^2 r}{T^2}\quad M=\dfrac{4\pi^2 r^3}{GT^2}$

同学们想一想，若已知绕行天体的线速度和轨道半径，或者知道绕行天体的线速度和周期，如何求中心天体的质量呢？

拓展 2：若已知卫星围绕地球做圆周运动的线速度为 v，圆周运动的轨道半径为 r，求 $M=$ ？

<方法三 > "v，r" 法

$$F_{万}= F_{向} \qquad G\frac{Mm}{r^2}=m\frac{v^2}{r} \qquad M=\frac{rv^2}{G}$$

拓展 3：若已知卫星绕地球做圆周运动的线速度为 v，圆周运动的周期为 T，则 $M=$ ？

<方法四 > "v，T" 法

2. 天体密度的计算

例题的拓展 1 中如何求解地球的平均密度？

$$\rho=\frac{M}{V} \qquad M=\rho V=\frac{4}{3}\pi R^3 \qquad \rho=\frac{4\pi^2 r^3}{GT^2} \qquad \rho=\frac{3\pi r^3}{GT^2 R^3}$$

拓展：若让卫星贴着地表面绕行，则求地球平均密度？

【设计意图】学生可能会混淆轨道半径 r 和地球半径 R，教师注意纠正；通过 $r=R+h$ 明确轨道半径的含义；强调只能计算中心天体的质量。

（三）方法归纳与小结

1. 一个思路：将天体运动抽象为一个质点绕另一个质点的匀速圆周运动。

2. 建立两个模型

（1）星表模型：万有引力近似等于重力 $mg = G\frac{Mm}{R^2}$

（2）环绕模型：万有引力提供向心力 $F_{万}=F_{向}$

3. 注重四个分析

过程分析——完成四个确定；

（确定研究对象、确定轨道平面、确定圆心、确定半径）

状态分析——确定向心力表达式；

受力分析——确定向心力来源；

条件分析——确定等量关系。

天体运动小结：

地心学说托勒密，日心代表哥白尼，地谷观察得数据，开氏发现三定律，

第一定律定轨道，第二定律说面积，第三定律定周期，运动原因何处在，

牛顿探究并分析，万物之间有引力，遵循平方反比律，天地运动得统一，

题目类型并不难，两个模型要建立，星表模型看重力，环绕模型一串式，

四个分析做前提，各量关系都清晰，人造卫星新科技，环绕模型去解题。

【设计意图】提高学生的自主归纳总结的能力，加深学生对天体内容的理解。

五、作业设计

1. 假设地球和火星都绕太阳做匀速圆周运动，已知地球到太阳的距离小于火星到太阳的距离，那么（　　　）

A. 地球公转周期大于火星的公转周期

B. 地球公转的线速度小于火星公转的线速度

C. 地球公转的加速度小于火星公转的加速度

D. 地球公转的角速度大于火星公转的角速度

2. 地球表面的平均重力加速度为 g，地球半径为 R，引力常量为 G，可估算地球的平均密度为（　　　）

A. $\dfrac{3g}{4\pi RG}$　　　　B. $\dfrac{3g}{4\pi R^2 G}$　　　　C. $\dfrac{g}{RG}$　　　　D. $\dfrac{g}{RG^2}$

3. （多选）质量为 m 的探月航天器在接近月球表面的轨道上飞行，其运动视为匀速圆周运动。已知月球质量为 M，月球半径为 R，月球表面重力加速度为 g，引力常量为 G，不考虑月球自转的影响，则航天器的（　　　）

A. 线速度 $v = \sqrt{\dfrac{GM}{R}}$　　　　　　B. 角速度 $\omega = \sqrt{gR}$

C. 运行周期 $T = 2\pi\sqrt{\dfrac{R}{g}}$　　　　D. 向心加速度 $a = \dfrac{Gm}{R^2}$

4. 假设在半径为 R 的某天体上发射一颗该天体的卫星，若它贴近该天体的表面做匀速圆周运动的周期为 T_1，已知引力常量为 G。

（1）则该天体的密度是多少？

（2）若这颗卫星距该天体表面的高度为 h，测得在该处做圆周运动的周期为 T_2，则该天体的密度又是多少？

【解题思路与参考答案】

1. 由太阳对行星的引力提供行星运动所需的向心力 $G\dfrac{Mm}{r^2}=m\dfrac{v^2}{r}=m\omega^2 r=m\left(\dfrac{2\pi}{T}\right)^2 r=ma_{向}$，解得 $v=\sqrt{\dfrac{GM}{r}}$，$\omega=\sqrt{\dfrac{GM}{r^3}}$，$T=2\pi\sqrt{\dfrac{r^3}{GM}}$，$a_{向}=\dfrac{GM}{r^2}$，由题意知，$r_{地}<r_{火}$，所以 $v_{地}>v_{火}$，$\omega_{地}>\omega_{火}$，$T_{地}<T_{火}$，$a_{地}>a_{火}$，D 项正确。

2. A　3.AC　4.（1）$\dfrac{3}{GT_1^2}$　（2）$\dfrac{3\pi R+h^3}{GT_2^2 R^3}$

现代科技　探索奥秘
——《宇宙速度》微资源设计

首都师范大学附属中学通州校区　王丽丽

一、内容说明

对应高中物理课程标准内容知识点： 2.2.5 会计算人造卫星的环绕速度。知道第二宇宙速度和第三宇宙速度。

内容分析： 本节课所用的教材是人教版高中物理必修第二册第七章第 4 节内容，本节重点讲述了人造卫星的发射原理，推导了第一宇宙速度，并介绍了第二、第三宇宙速度。人造卫星是万有引力定律在天文学上应用的一个实例，是人类征服自然的见证，体现了知识的力量，是学生学习、了解现代科技知识的一个极好素材。

二、教学目标分析

物理观念： 能从物理学的视角正确描述和解释人造地球卫星的运行规律，树立运动观念，知道三个宇宙速度的含义，会推导第一宇宙速度。

科学思维： 体会在处理实际问题时，如何忽略次要因素，抓住主要因素，抽象出物理模型。能在熟悉的情境中运用物理模型，能对卫星发射原理进行分析和推理。

科学探究： 通过用万有引力定律推导第一宇宙速度，培养运用知识解决问题的能力。能在对卫星发射原理的基础上做出假设，并制定合理的探究路线，从而分析数据发现规律。

科学态度与责任： 卫星的发射原理是人类在万有引力定律基础上科学家们持续不断创造性发展的成果，是人类对宇宙奥秘探索的历程，大大增强了民族自信心和自豪感。

三、教学重难点分析

教学重点：第一宇宙速度的推导。

教学难点：第一宇宙速度的推导；环绕速度与发射速度的区分。

四、教学过程

（一）引入新课

通过不同的图片，引出人类的飞天梦。在 1687 年出版的《自然哲学的数学原理》中，牛顿设想：把物体从高山上水平抛出，速度一次比一次大，落地点也就一次比一次远；抛出速度足够大时，物体就不会落回地面，成为人造地球卫星。抛出速度足够大时，物体就不会落回地面。

【设计意图】了解科学探索的过程，让学生体会到尖端科学的最初设想都是从已知的简单科学知识出发的。

（二）讲授新课

1. 第一宇宙速度

物体在地球附近绕地球运动时，太阳的作用可以忽略。简化之后，物体只受到指向地心的引力作用，物体绕地球的运动可视作匀速圆周运动。

由 $G\dfrac{mm_{燃}}{r^2} = m\dfrac{v^2}{r}$ 有，$v = \sqrt{\dfrac{Gm_{燃}}{r}}$。已知地球的质量与半径，上式求解

$v = 7.9\text{km/s}$

第一宇宙速度也可用 $v = \sqrt{gR}$（式中 g 为重力加速度，R 为地球半径）算出。

在地面附近重力近似等于万有引力即重力提供物体作圆周运动的向心力。

$mg = \dfrac{mv^2}{R}$ 由此解出：$v = \sqrt{gR} = \sqrt{9.8 \times 6.4 \times 10^6}\,\text{m/s} = 7.9\text{km/s}$

【**设计意图**】建立学生清晰的物理分析思路，锻炼学生的计算能力，掌握在地面附近重力近似等于万有引力。

2. 第二宇宙速度、第三宇宙速度

（1）理论研究指出，在地面附近发射飞行器，如果速度大于 7.9 km/s，又小于 11.2 km/s，它绕地球运行的轨迹就不是圆，而是椭圆。当飞行器的速度等于或大于 11.2 km/s 时，它就会克服地球的引力，永远离开地球。我们把 11.2 km/s 叫作第二宇宙速度。

（2）达到第二宇宙速度的飞行器还无法脱离太阳对它的引力。在地面附近发射飞行器，如果要使其挣脱太阳引力的束缚，飞到太阳系外，必须使它的速度等于或大于 16.7 km/s，这个速度叫作第三宇宙速度。

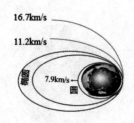

$$7.9 \text{ km/s} < v < 11.2 \text{ km/s}$$

【**设计意图**】理解向高轨道发射卫星比向低轨道发射卫星要困难。

五、作业设计

1. 如图所示，在地面上发射一颗卫星，进入椭圆轨道 Ⅱ 运行，其发射速度（   ）

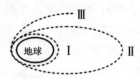

A. 等于 7.9km/s   B. 大于 16.7km/s

C. 大于 7.9km/s，小于 11.2km/s   D. 大于 11.2km/s，小于 16.7km/s

2. 下列关于三种宇宙速度的说法正确的是（   ）

A. 第一宇宙速度 v=7.9km/s，第二宇宙速度 v=11.2km/s，则人造卫星绕地

球在圆轨道上运动时的速度大于等于 v_1，小于 v_2

B. 中国发射的"嫦娥"2 号月球探测器，其发射速度大于第三宇宙速度

C. 第二宇宙速度是使物体可以挣脱地球引力束缚，成为绕太阳运行的小行星的最大发射速度

D. 第一宇宙速度 7.9km/s 是人造地球卫星绕地球做圆周运动的最大运行速度

3. 若取地球的第一宇宙速度为 8 km/s，某行星的质量是地球质量的 6 倍，半径是地球半径的 1.5 倍，此行星的第一宇宙速度约为（ ）

A. 16 km/s   B. 32 km/s   C. 4 km/s   D. 2 km/s

4. （多选）一颗人造地球卫星以初速度 v 发射后，可绕地球做匀速圆周运动，若使发射速度增为 $2v$，则该卫星可能（ ）

A. 绕地球做匀速圆周运动

B. 绕地球运动，轨道变为椭圆

C. 不绕地球运动，成为太阳的人造行星

D. 挣脱太阳引力的束缚，飞到太阳系以外的宇宙去了

5. 恒星演化发展到一定阶段，可能成为恒星世界的"侏儒" – 中子星，中子星的半径较小，一般在 7~20km，但它的密度大得惊人。若中子星的半径为 10km，密度为 1.2×10^{17}kg/m^3。已知万有引力常量 G=6.67 × 10^{-11}N m^2/kg^2，那么该中子星的第一宇宙速度约为多少？（计算结果保留一位有效数字）

【参考答案】1. C   2. D   3. A   4. CD   5. 6×10^7 m/s

学以致用　探索太空
——《同步卫星》微资源设计

北京市第二中学通州校区　张凤琦

一、内容说明

对应高中物理课程标准内容知识点： 2.7.4 同步卫星。

内容分析： 随着全球人造卫星数量的增加和技术的迅猛发展，人造卫星与人的生活联系日益紧密，其中同步卫星是比较有特点的一类卫星。了解同步卫星的相关知识，拓展分析发射同步卫星的过程，有利于学生感受人类对客观世界不断探究的精神，体会我国今年来载人航天与太空探索的伟大进步，增强学生的民族自豪感。

二、教学目标分析

物理观念： 知道什么是地球同步卫星，掌握同步卫星的运动特点，区分同步卫星和其他卫星。

科学思维： 培养立体空间思维。

科学探究： 会分析人造地球卫星的受力和运动情况，并解决人造地球卫星运动的简单问题。

科学态度与责任： 感受人类对客观世界不断探究的精神和情感。体会我国载人航天与太空探索的伟大进步，增强学生的民族自豪感。

三、教学重难点分析

教学重点： 同步卫星的运动特点。

教学难点： 分析同步卫星的简单问题。

四、教学过程

（一）引入新课

观看视频：人造卫星的种类；思考与讨论：什么是同步卫星？

【设计意图】人造卫星的种类很多，通过视频激发学生的学习兴趣。

（二）讲授新课

1.同步卫星

（1）定义：相对地面静止并且与地球自转周期相同的卫星叫同步卫星，又称静止轨道卫星。

思考与讨论：地球同步卫星可能的轨道？

（2）同步卫星的轨道：是一条圆形轨道，它的轨道平面与赤道平面重合。

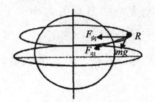

思考与讨论：地球同步卫星的周期是多少？

（3）同步卫星的周期：同步卫星的周期等于地球的自转周期，即 $T=24\text{h}$。

根据 $\omega = \dfrac{2\pi}{T}$，同步卫星的角速度和地球自转的角速度相同，是确定的数值。

思考与讨论：地球同步卫星的轨道距地面的高度是多少？

（4）同步卫星的高度：根据 $G\dfrac{Mm}{r^2} = m\dfrac{4\pi^2 r}{T^2}$，得 $r=42000\text{km}$，则高度 $h=r-R=36000\text{km}$

（5）同步卫星的线速度：根据 $G\dfrac{Mm}{r^2} = m\dfrac{v^2}{r}$，得 $v=3.08\text{km/s}$

2.同步卫星的发射

思考与讨论：地球同步卫星是如何发射到特定轨道的？

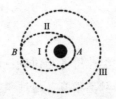

（1）人造卫星的发射过程：①为了节省能量，将卫星发射到近地圆轨道Ⅰ上。

②在 A 点点火加速，由于速度变大，万有引力不足以提供向心力，卫星做离心运动进入椭圆轨道Ⅱ。

③在 B 点再次点火加速，卫星进入圆形轨道Ⅲ。

（2）卫星变轨的实质：卫星的速度的变化导致万有引力不等于向心力，引起轨道改变。卫星速度增大，则万有引力小于卫星所需要的向心力，做离心运动，进入高轨道，稳定运行时速度变小；卫星速度减小，则万有引力大于卫星所需要的向心力，做向心运动，进入低轨，稳定运行时速度变大。

3.同步卫星的通信功能

介绍北斗卫星导航系统，三个卫星就可以实现全球通信。

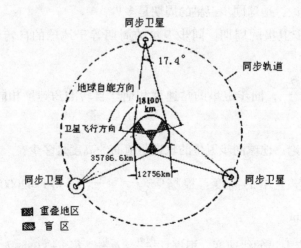

（三）课外探究

1.查阅我国北斗导航卫星的相关资料，了解相关知识。

2.了解我国神舟系列火箭发射卫星的资料，联系本节课相关知识进行简单分析。

五、作业设计

1. 北斗问天，国之夙愿。我国"北斗三号"系统的收官之星是地球同步卫星，和许多国家发射的地球同步卫星相比，此卫星的（　　　）

A. 质量可以不同　　　　　　B. 轨道半径可以不同

C. 轨道平面可以不同　　　　D. 速率可以不同

2. "北斗"卫星导航定位系统由地球静止轨道卫星（同步卫星）、中轨道卫星和倾斜同步卫星组成。地球静止轨道卫星和中轨道卫星都在圆轨道上运行，它们距地面的高度分别约为地球半径的 6 倍和 3.4 倍。下列说法正确的是（　　　）

A. 静止轨道卫星的周期约为中轨道卫星的 2 倍

B. 静止轨道卫星的线速度大小约为中轨道卫星的 2 倍

C. 静止轨道卫星的角速度大小约为中轨道卫星的 $\frac{1}{7}$

D. 静止轨道卫星的向心加速度大小约为中轨道卫星的 $\frac{1}{7}$

3. 关于地球同步卫星的说法正确的是（　　　）

A. 轨道平面和赤道平面垂直　　　B. 与地球自转周期、角速度大小相同

C. 轨道半径可以取任意值　　　　D. 与地球自转的方向相反

4. 赤道上空的同步卫星相对地面静止，此卫星的角速度_____（填"大于""小于"或"等于"）地球自转的角速度，同步卫星的线速度_____（填"大于""小于"或"等于"）地球第一宇宙速度。

5. 2019 年 5 月 17 日，我国成功发射第 45 颗北斗导航卫星，该卫星属于地球静止轨道卫星（同步卫星），该卫星（　　　）

A. 入轨后可以位于北京正上方　　B. 入轨后的速度大于第一宇宙速度

C. 发射速度大于第二宇宙速度　　D. 若发射到近地圆轨道所需能量较少

6. 已知地球表面的重力加速度为 g，地球半径为 R，地球自转周期为 T，试求地球同步卫星轨道距地面的高度。

【参考答案】1.A　2.A　3.B　4.等于；小于　5.D　6. $h = \sqrt[3]{\dfrac{gR^2T^2}{4\pi^2}} - R$

联系对比　解决问题

——《机车启动问题》微资源设计

北京市第二中学通州校区　史春鹤

一、内容说明

对应高中物理课程标准内容知识点： 2.2.1 理解功和功率。例 2 分析汽车发动机的功率一定时，牵引力与速度的关系。

内容分析： 本微课以额定功率与实际功率的概念复习为基础，做好背景知识的储备工作，后面通过图表推导的方式让学生直观感受到两种机车启动方式中力与运动的变化，再利用 v–t 图像强化学生对于运动的认识和理解。最后再联系实际让学生感受到学习物理的意义。

二、教学目标分析

物理观念： 会分析机车恒定功率和恒定加速度启动过程中，牵引力、速度和加速度的变化情况。

科学思维： 培养学生逻辑思维能力、推导能力和理论联系实际能力。

科学探究： 利用大量的公式转化，对比两种启动方式中牵引力、速度和加速度的变化情况，培养学生的探究能力。

科学态度与责任： 培养学生理论联系实际的能力及实事求是的精神。

三、教学重难点分析

教学重点： 机车启动过程中牵引力、速度、加速度和功率的变化情况及相互制约的关系。

教学难点： 机车启动过程由恒定加速度到恒定功率的相关物理量变化情况及相互制约的关系。

四、教学过程

（一）知识回顾：额定功率与实际功率

1. 额定功率：机械或用电器正常工作状态下所能输出的最大功率叫额定功率，也就是机器铭牌上的标称值。

2. 实际功率：机器工作时实际输出的功率。

汽车在行驶的过程中，发动机的最大功率等于额定功率。$P = Fv$

【设计意图】了解额定功率与实际功率的概念区别；创设情景，便于分析。

（二）讲授新课

1. 机车以恒定功率启动

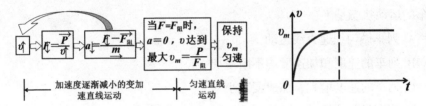

先做加速度逐渐减小的变加速直线运动，最终以最大速度做匀速直线运动。

2. 机车以恒定加速度启动

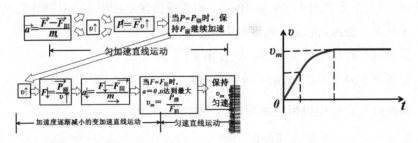

先做匀加速直线运动，再做加速度逐渐减小的变加速直线运动，最终以最大速度做匀速直线运动。

【设计意图】通过公式推导和图像强化理解恒定功率启动与恒定加速度启动下汽车牵引力、速度与加速度各量的关系变化。

（三）课外探究

1. 汽车上坡时，司机一般要"换挡"减小车速，使汽车以较小的速度爬坡，为什么呢？请用今天所学的知识加以解释。

答：当汽车发动机的功率一定时，根据 $P=Fv$ 知，牵引力与速度成反比，所以通过减小速度来增大牵引力，使汽车能顺利上坡。

2.汽车上坡时，若不减小车速，司机应采取什么措施？为什么？

答：加大油门，增大输出功率，来获得较大的牵引力。

【设计意图】理论联系实际，用所学知识解释实际生产生活中的一些现象。

五、作业设计

知识点一：机车以恒定功率启动的运动分析

1.静止的列车在平直轨道上以恒定的功率起动，在开始的一小段时间内，列车的运动状态是（　　　）

A.列车做匀加速直线运动

B.列车的速度和加速度均不断增加

C.列车的速度增大，加速度减小

D.列车做匀速运动

知识点二：机车以恒定功率启动的计算

2.汽车发动机的额定功率为 60kW，汽车的质量为 5t，汽车在水平路面上行驶时,阻力是车重的 0.1 倍，$g=10\text{m/s}^2$。汽车保持额定功率不变从静止启动后：

①汽车所能达到的最大速度是多大？

②当汽车的速度为 5m/s 时加速度多大？

③当汽车的加速度为 2m/s^2 时速度多大？

知识点三：机车以恒定加速度启动的运动分析

3.设汽车在启动阶段所受阻力恒定并做匀加速直线运动，则在此过程中（　　　）

A.牵引力增大，功率增大　　　　B.牵引力不变，功率增大

C.牵引力增大，功率不变　　　　D.牵引力不变，功率不变

知识点四：机车以恒定加速度启动的计算

4.汽车发动机的额定功率为 60kW，汽车的质量为 5t，汽车在水平路面上

行驶时，阻力是车重的 0.1 倍，$g=10m/s^2$。

（1）若汽车从静止开始，保持以 $0.5m/s^2$ 的加速度做匀加速直线运动，这一过程能维持多长时间？

（2）汽车所能达到的最大速度是多大？

【参考答案】1.C　2. 12m/s；1.4m/s^2；4m/s　3. B　4.16s；12m/s

定性实验 归纳升华

——《重力势能》微资源设计

北京市第二中学通州校区 刘 佳

一、内容说明

对应高中物理课程标准内容知识点： 2.1.3 理解重力势能，知道重力势能的变化与重力做功的关系。

内容分析： 本节设计的重点放在重力势能概念的形成，通过创设情境、定性实验、问题讨论引导学生探讨问题，用旧知识推导新知识的结论。对于重力做功和重力势能的关系，也是联系生活实例引导学生用旧知识的推导得到结论。为了突破难点从高度具有相对性入手，有了高度的相对性，学生根据重力势能的计算式，就会很容易理解重力势能也具有相对性：选择不同的参考平面，物体的重力势能是不同的。然后，再让学生选择不同的参考平面来计算物体从 A 位置下落到 B 位置重力势能的改变。

二、教学目标分析

物理观念： 知道重力对物体做的功跟物体运动的路径无关；理解重力势能的概念。

科学思维： 掌握重力做功与重力势能变化的关系。

科学探究： 根据功和能的关系，推导出重力势能的表达式。

科学态度与责任： 渗透通过对生活中有关物理现象的观察，从而得到物理结论的方法，培养并激发学生探索自然规律的兴趣；做好预防高空坠物的社会公德教育。

三、教学重难点分析

教学重点： 重力势能的概念及重力做功跟重力势能改变的关系及其应用。

教学难点： 重力势能的概念及其相对性、系统性，重力势能变化的绝对性。

四、教学过程

（一）引入新课

展示图片（最美妈妈双手接高空坠落儿童）。提问：平时妈妈抱小孩手臂不会骨折，为什么这位妈妈接到小孩后手臂严重骨折了呢？引入初中重力势能的概念。

【设计意图】以创设问题情景为切入点，引入课题。

（二）讲授新课

活动一：教师引导，提出问题：Ep 大小与什么因素有关。师生交流互动，猜测，建立假设。

实验（装置如下图所示）定性检验，得出结论 Ep 与 mg 及 h 有关。

活动二：教师创设实例，师生共同分析得出重力做功与路径无关的特点。

1.重力做功，抽象模拟

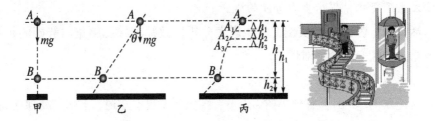

①（问）如图甲，设一个质量为 m 的物体，从高度是 h_1 的位置，竖直向下运动到高度是 h_2 的位置，这个过程中重力做的功是多少？

②（问）如图乙，物体沿倾斜直线运动的距离是 L，在这一过程中重力所做的功是多少？

③（思考）如图丙，假设这个物体沿任一路径由高度是 h_1 的起点 A，运

动到高度是 h_2 的终点 B，在这一过程中重力所做的功是多少？

方法点拨：我们把整个路径分成许多很短的间隔 AA_1，A_1A_2，A_2A_3……由于每一段都很小很小，它们都可以近似地看作一段倾斜的直线。

重力做功的特点：重力对它做的功只跟它的起点和终点的位置有关，跟物体运动的路径无关。

活动三：教师引导创设物理情景，学生思考，并从理论上定量推导 Ep 与 mg 及 h 的关系。

2. 重力势能

mgh 这个物理量的特殊意义在于它一方面与重力所做的功密切相关，另一方面它随着高度的变化而变化，它恰恰是我们要寻找的重力势能的表达式。

①重力势能：等于它所受重力与所处高度的乘积。

②表达式：$Ep = mgh$。

③标量。

④单位：焦耳，符号为 J。

⑤重力做功与重力势能变化之间的关系：

重力做正功，重力势能减小；重力做负功，重力势能增加。

【设计意图】以观察实验事实为基础，定性检验影响重力势能的因素；将生活实际转化为物理情景；经过三个过程的讨论，把特殊情况推广到一般，得出重力做功与路径无关的一般性结论，为机械能守恒的教学做好准备；重点强调功能关系，做功过程是能量转化的过程，做了多少功就有多少相应的能量发生了变化，得出重力势能的概念。

活动四：教师创设实例，学生思考分析，教师辅导总结重力势能的相对性及重力势能变化的绝对性。

3. 重力势能的相对性

讨论歌词："山上有棵小树，山下有棵大树，我不知道，不知道哪棵更高"这是说高度具有相对性，重力势能与高度有关，重力势能也有相对性。

在研究重力势能时应该选择参考平面。在参考平面上，物体的重力势能为零；在参考平面上方物体的重力势能为正的，表示重力势能比零势能面的势能大；在参考平面下方物体的重力势能为负的，表示重力势能比零势能面的势能小。

参考平面的选择是任意的，选不同的参考平面，重力势能是否相等？重力势能的差值是否相同？例如根据图，$m = 0.5$ kg，$h_1 = 1.2$ m，$h_2 = 0.8$ m。完成表格。

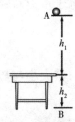

参考平面	小球在A点重力势能	小球在B点重力势能	下落过程小球重力做功	下落过程小球重力势能变化
桌面	24J	−16J	40J	−40J
地面	40J	0J	40J	−40J

【设计意图】通过高度具有相对性，类比重力势能具有相对性，抽象问题形象化。

活动五：教师引导，学生讨论，学习重力势能的系统性问题。

4. 势能是系统所共有的

问：假如没有地球，地球附近的物体是否还具有重力势能？

结论：重力势能是地球与物体所组成的这个"系统"所共有的，而不是地球上的物体单独具有的。

（三）课外探究

结合物理知识进行安全教育：学生及学生家人不要随意从高空往下丢东西，时刻注意自身和他人的人身安全。

五、作业设计

1. 物体沿不同的路径从 A 运动到 B，如图所示，则（   ）

A. 沿路径 ACB 重力做的功大些

B. 沿路径 ADB 重力做的功大些

C. 沿路径 ACB 和路径 ADB 重力做功一样多

D. 以上说法都不对

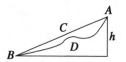

2. 将质量为 100 kg 的物体从地面提升到 10 m 高处，在这个过程中，下列说法中正确的是（g 取 10 m/s^2）（   ）

A. 重力做正功，重力势能增加 1.0×10^4 J

B. 重力做正功，重力势能减少 1.0×10^4 J

C. 重力做负功，重力势能增加 1.0×10^4 J

D. 重力做负功，重力势能减少 1.0×10^4 J

3. （多选）下列关于功和机械能的说法，正确的是（　　　）

A. 空气阻力不能忽略时，物体重力势能的减少量不等于重力对物体所做的功

B. 合力对物体所做的功等于物体动能的变化量

C. 物体的重力势能是物体与地球之间的相互作用能，其大小与势能零点的选取有关

D. 运动物体动能的减少量一定等于其重力势能的增加量

4. 如图所示，桌面距地面高为 H，一物体质量为 m，放在距桌面 h 处，思考并讨论以下问题：

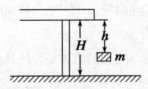

（1）若以地面为零势能参考平面，物体具有的重力势能是多少？以桌面为零势能参考平面，其值又是多少？

（2）选取不同的零势能参考平面，物体具有的重力势能不同，这说明了什么？如何选择零势能参考平面呢？

【参考答案】1. C　2. C　3. BC　4. 重力势能的大小与零势能参考平面有关。

演绎推理　层层加深

——《动能定理》微资源设计

北京市第二中学通州校区　史春鹤

一、内容说明

对应高中物理课程标准内容知识点： 2.1.2 理解动能和动能定理。能用动能定理理解生产生活中的现象。例 3 根据牛顿第二定律推导出动能定理。

内容分析： 学生在前面分别学习过做功和动能的概念，动能定理常用于解决运动学问题，学习好动能定理非常重要，且为后面的机械能守恒定律的学习打下基础。动能定理反映的是物体两个状态的动能变化与其合力所做功的量值关系。动能定理建立起过程量（功）与状态量（动能）间的联系。本微课用演绎推理的方法带领学生体会动能定理的得出过程，再结合之前学过的知识对动能定理进行分析讲解，并学习动能定理的一些简单应用。

二、教学目标分析

物理观念： 理解动能定理的意义及表达式，能进行相关的分析与计算。

科学思维： 培养学生逻辑思维能力、掌握演绎推理的方法。

科学探究： 利用演绎推理的方式，带领学生体验学习的乐趣，培养学生的探究能力。

科学态度与责任： 让学生体会"状态的变化量量度复杂过程量"这一物理思想，感受数学过程对物理过程描述的简洁美。

三、教学重难点分析

教学重、难点： 动能定理的推导过程。

四、教学过程

（一）引入新课

回顾动能的概念，思考：物体的动能跟哪些因素有关？

【设计意图】

（二）讲授新课

推导分析：如图所示，光滑水平面有一物体，在恒力 F 的作用下向前运动了一段距离，速度由 v_1 增加到 v_2。试推导出力 F 对物体做功的表达式。

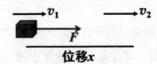

位移x

$$W = Fx \quad x = \frac{v_2^2 - v_1^2}{2a} \quad F = ma$$

$$W = ma\frac{v_2^2 - v_1^2}{2a} = \frac{1}{2}mv_2^2 - \frac{1}{2}mv_1^2 \quad W = \frac{1}{2}mv_2^2 - \frac{1}{2}mv_1^2$$

1. 动能

（1）概念：物体由于运动而具有的能叫作动能。

（2）定义式：$E_K = mv^2/2$。

（3）动能是标量。

（4）单位是焦耳（J）。

2. 动能定理

（1）内容：合力对物体所做的功等于物体动能的变化。

（2）表达式：$W_合 = E_{k2} - E_{k1} \quad W = \frac{1}{2}mv_2^2 - \frac{1}{2}mv_1^2$

（3）W 的含义：包含重力在内的所有外力所做功的代数和。

（4）W 与 ΔE_k 的关系：合力做功是引起物体动能变化的原因。

合力做正功，即 $W_合 > 0$，$\Delta E_k > 0$，动能增大；

合力做负功，即 $W_合 < 0$，$\Delta E_k < 0$，动能减小。

（5）动能定理的实质：功能关系的一种具体体现，物体动能的改变可由合外力做功来度量。

问题引导：动能定理是在物体受恒力作用，并且做直线运动的情况下推导出来的，对于物体受变力作用、物体做曲线运动的情况，动能定理是否成立？

解析：成立。将曲线运动分割成可无数小段，每小段均可看作恒力作用下的直线运动。（微元法）

3. 动能定理的适用范围

既适用于直线运动，也适用于曲线运动；

既适用于恒力做功，也适用于变力做功；

既适用于单个物体，也适用于多个物体；

既适用于一个过程，也适用于整个过程。

（三）探究：动能定理的简单应用

质量为 m 的物体静止在水平桌面上，它与桌面之间的动摩擦因数为 μ，物体在水平力 F 作用下开始运动，发生位移 x_1 时撤去力 F，问物体还能运动多远？

五、作业设计

知识点一 对动能定理的理解

1.（多选）关于动能、动能定理，下列说法正确的是（   ）

A. 一定质量的物体，动能变化时，速度一定变化，但速度变化时，动能不一定变化

B. 动能不变的物体，一定处于平衡状态

C. 合力做正功，物体动能可能减小

D. 运动物体所受的合外力为零，则物体的动能肯定不变。

2. 下列关于运动物体的合力做功和动能、速度变化的关系，正确的是（   ）

A. 物体做变速运动，合外力一定不为零，动能一定变化

B. 若合外力对物体做功为零，则合外力一定为零

C. 物体的合外力做功，它的速度大小一定发生变化

D. 物体的动能不变，所受的合外力必定为零

知识点二　动能定理的简单应用

3.（多选）在平直公路上，汽车由静止开始做匀加速运动，当速度达到 v_m 后立即关闭发动机直到停止，运动过程的 $v-t$ 图像如图所示，设汽车的牵引力为 F，所受摩擦力为 f，全过程中牵引力做功 W_1，克服摩擦力做功 W_2，则（　　）

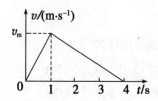

A. $F : f = 1 : 4$ 　　　　B. $F : f = 4 : 1$

C. $W_1 : W_2 = 1 : 1$ 　　　D. $W_1 : W_2 = 1 : 3$

4. 物体沿高 H 的光滑斜面从顶端由静止下滑，求它滑到底端时的速度大小？

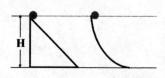

【参考答案】1. AD　2. C　3. BC　4. $v = \sqrt{2gh}$

推导归纳　总结规律

——《机械能守恒定律》微资源设计

北京市通州区张家湾中学　王冬梅

一、内容说明

对应高中物理课程标准内容知识点：2.1.4 理解机械能守恒定律，体会守恒观念对认识物理规律的重要性。能用机械能守恒定律分析生产生活中的有关问题。

内容分析：机械能守恒定律是本章教学的重点内容，让学生掌握物体系统机械能守恒的条件；能够正确分析物体系统所具有的机械能；能够应用机械能守恒定律解决有关问题，进而利用动能定理推导出机械能守恒定律的表达式。分析物体系统所具有的机械能，尤其是分析、判断物体所具有的重力势能，是本节学习的难点之一。

二、教学目标分析

物理观念：知道理解机械能的概念，知道机械能具有相对性；理解机械能守恒定律内容及表达式；会判断机械能守恒条件，在具体问题中能判断机械能是否守恒。

科学思维：通过领引问题理解机械能的概念和相对性，通过例题推导机械能守恒过程，理解机械能守恒定律的内容和成立的条件，有意识地培养学生的科学思维和科学方法。

科学探究：提出问题，结合初中的知识解决问题，体会能量转化。

科学态度与责任：通过引导学生对教材所列知识的探究使学生不仅掌握所学的知识，而且掌握探究物理学科知识的方法，并与学习其他学科知识和生活技能的方法融会贯通，达到不仅教书，而且育人的目的。

三、教学重难点分析

教学重点：机械能守恒的条件；在具体问题中能判定机械能是否守恒，并能列出数学表达式。

教学难点：机械能是否守恒；灵活运用机械能守恒定律解决问题。

四、教学过程

（一）引入新课

1.本章中我们学习了哪几种形式的能？它们的表达式如何？

2.动能定理的内容和表达式是什么？

3.重力所做的功和物体重力势能之间变化怎样？

引入：动能、重力势能、弹性势能属于力学范畴，统称为机械能，本节课我们就来研究有关机械能的问题。

（二）讲授新课

1.机械能

（1）概念：动能、势能（重力势能和弹性势能）统称为机械能。

（2）表达式：$E = E_\mathrm{K} + E_\mathrm{P}$

（3）机械能是标量，具有相对性。（需要设定零势能面）

问题：动能和势能之间如何转化？机械能有什么特点？

2.推导机械能守恒定律

情景1：如图所示，一个质量为 m 的物体自由下落，取任意两点 A，B，经过 A 点时的高度为 h_1、速度为 v_1，下落到 B 点时的高度为 h_2，速度为 v_2。

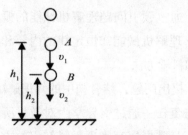

（1）试写出物体在 A 点时的机械能和在 B 点时的机械能。

（2）分析在此过程机械能是如何变化的。

推导过程：由于物体做自由落体运动，只受重力作用，且重力做正功，

据动能定理得：$W_G = \frac{1}{2}mv_2^2 - \frac{1}{2}mv_1^2$

又据重力做功与重力势能的关系得到：$W_G = mgh_1 - mgh_2$

$\frac{1}{2}mv_2^2 - \frac{1}{2}mv_1^2 = mgh_1 - mgh_2$ ①

$\frac{1}{2}mv_2^2 + mgh_2 = \frac{1}{2}mv_1^2 + mgh_1$ ②

$E_{P2} + E_{K2} = E_{P1} + E_{K1}$ 即 $E_2 = E_1$

【设计意图】通过分析，强化不同形式的能之间可以发生相互转化；利用已有的知识解决新的问题，获得新的知识。

情景2：如图所示，一个质量为 m 的物体从光滑的山坡自由滑落，取任意两点 A、B，经过 A 点时的高度为 h_1，速度为 v_1，下落到 B 点时的高度为 h_2，速度为 v_2。

（1）试写出物体在 A 点时的机械能和在 B 点时的机械能。

（2）分析在此过程机械能是如何变化的。

推导过程：由于物体做自由落体运动，是只受重力作用，且重力做正功，

据动能定理得：$W_G = \frac{1}{2}mv_2^2 - \frac{1}{2}mv_1^2$

又据重力做功与重力势能的关系得到：$W_G = mgh_1 - mgh_2$

$\frac{1}{2}mv_2^2 - \frac{1}{2}mv_1^2 = mgh_1 - mgh_2$ ①

$\frac{1}{2}mv_2^2 + mgh_2 = \frac{1}{2}mv_1^2 + mgh_1$ ②

$E_{P2} + E_{K2} = E_{P1} + E_{K1}$ 即 $E_2 = E_1$

情景3：小球以初速度 v_0 压缩弹簧，接触面光滑。

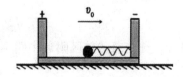

小球在压缩过程中，动能减小，弹簧发生形变，势能增加，此过程中只有弹簧的弹力做功，系统（小球和弹簧）的机械能保持不变。

【设计意图】分析小球在运动过程中的能量转化，定性分析动能与弹性势能之间的转化。

3. 机械能守恒定律

（1）定律内容：在只有重力和弹力做功的系统内，系统的动能和势能发生互相转化，但总机械能保持不变。

（2）守恒条件：三类常见情况。

①只受重力、弹力，不受其他力。

②除重力、弹力外还受其他力，但其他力都不做功。

③除重力、弹力外有其他力做功，但其他力做功之和为零。

（3）表达式：
$$\frac{1}{2}mv_2^2 + mgh_2 = \frac{1}{2}mv_1^2 + mgh_1$$

$$E_{P2} + E_{K2} = E_{P1} + E_{K1}$$

$$E_2 = E_1$$

【设计意图】归纳总结机械能守恒的内容、条件、表达式。

五、作业设计

1. 在下列实例中运动的物体，不计空气阻力，机械能守恒的是（　　　）

A. 起重机吊起物体匀速上升　　　　　　B. 物体做平抛运动

C. 跳伞运动员利用降落伞在空中匀速下落　D. 抛出去的篮球在空中运动

2. 以下说法正确的是（　　　）

A. 物体做匀速运动，它的机械能一定守恒

B. 物体所受合力的功为零，它的机械能一定守恒

C. 物体所受的合力不等于零，它的机械能可能守恒

D. 物体所受的合力等于零，它的机械能一定守恒

3. 一个物体从地面竖直上抛，不计空气阻力，上升的最大高度为 h，若上升到高度为 $h/2$，则其速度大小为（　　　）

A. gh　　　　B. $gh/2$　　　　C. $\sqrt{gh}$　　　　D. $\sqrt{2gh}$

4. 在足球赛中，红队球员在白队禁区附近主罚定位球，如图所示，并将

球从球门右上角擦着横梁踢进球门。球门高度为 h，足球飞入球门的速度为 v，足球的质量为 m，则红队球员将足球踢出时对足球做的功 W（不计空气阻力，足球视为质点）（　　）

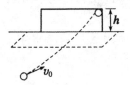

A. 等于 $mgh + \dfrac{1}{2}mv^2$

B. 大于 $mgh + \dfrac{1}{2}mv^2$

C. 小于 $mgh + \dfrac{1}{2}mv^2$

D. 因为球入球门过程中的曲线的形状不确定，所以做功的大小无法确定

5. 一质量为 2kg 金属球在离地面 10m 处以 10m/s 的速度水平抛出（忽略空气阻力，g=10N/kg）。求离地面 5m 处的速度大小。

【答题方向与参考答案】利用机械能守恒条件出发来判断机械能是否守恒，从机械能守恒的表达式和能量转化的角度出发解决计算题，目的在于强化机械能守恒定律。1.A 不守恒　B. 守恒　C. 不守恒　D. 守恒　2.C　3.C　4.A　5.$10\sqrt{2}$

实验验证　解惑析疑

——《实验：验证机械能守恒定律》微资源设计

北京市通州区张家湾中学　王冬梅

一、内容说明

对应高中物理课程标准内容知识点： 2.1.4 通过实验，验证机械能守恒定律。

内容分析： 本实验属于高中物理实验中非常重要的一个实验，机械能守恒定律的验证方法有很多，其中以自由落体运动的实验验证为代表，实验相对来说比较简单，且很容易理解。学生通过实验方案的设计，动手操作体会物理的快乐和魅力。

二、教学目标分析

物理观念： 本实验为验证性实验，目的是利用重物的自由下落验证机械能守恒定律；明确实验原理，掌握实验的操作方法与技巧、学会实验数据的采集与处理，能进行实验误差的分析，深化对机械能守恒定律的理解；明确纸带选取及测量瞬时速度简单而准确的方法。

科学思维： 通过自主学习，培养学生设计实验、采集数据、处理数据及实验误差分析能力；通过同学们的亲自操作和实际观测掌握实验的方法与技巧；通过对纸带的处理过程培养学生获取信息、处理信息的能力，体会处理问题的方法，领悟如何间接测一些不能直接测量的物理量的方法。

科学探究： 通过实验及误差分析，培养学生实事求是的科学态度，激发学生对物理规律的探究欲望。

科学态度与责任： 使学生通过实验体会成功的乐趣与成就感，激发对物理世界的求知欲。

三、教学重难点分析

教学重点：实验原理及方法的选择、掌握。

教学难点：分析实验误差。

四、教学过程

（一）引入新课

判断下列情景中机械能是否守恒？

自由落体运动、平抛运动（空气阻力均不计）、乘电梯匀速下降。

自由落体是最简单的机械能守恒的实例，本节课通过自由落体运动实验来验证机械能守恒。

（二）讲授新课

【实验目的】验证机械能守恒定律

【实验原理】在自由落体运动中，若物体下落高度 h 时的速度为 v，则 $mgh = \dfrac{1}{2}mv^2$。

计算重力势能的改变时，只要测量出下落过程的高度，结合当地的重力加速度即可。计量动能改变时，启用了打点计时器，——根据打出的纸求状态的瞬时速度，测定第 n 点的即时速度的方法是：测出第 n 点的相邻的前、后两段相等时间 T 内下落的距离由下列公式算出：

$$v_n = \frac{S_n + S_{n+1}}{2T} \text{ 或 } v_n = \frac{d_{n+1} - d_{n-1}}{2T}$$

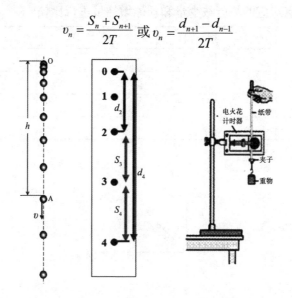

【实验器材】打点计时器、纸带、复写纸、重物、刻度尺、铁架台（带铁夹）、学生电源等。

辨析问题：计算物体的速度，应该用哪种方法？

1.本实验要不要测量物体的质量？

2.计算物体的速度，应该用哪种方法？ $v_n=\sqrt{2gh_n}$ $v_n=gt_n$ $v_n=\dfrac{h_{n+1}-h_{n-1}}{2T}$

3.用 $gh=\dfrac{1}{2}mv^2$ 验证机械能守恒如何选纸带？

【实验步骤】

1.按图把打点计时器安装在铁架台上，用导线把打点计时器与学生电源连好。

2.把纸带的一端在重锤上用架子固定好，另一端穿过记时器限位孔，用手竖直提起纸带使重锤停靠在打点计时器附近。

3.先接通电源，后松手让重锤带着纸带下落。

4.重复几次，得3—5条纸带。

5.整理实验器材。

【数据处理】

1.在打好点的纸带中挑选点迹清晰的一条纸带，在起始点标上 O ，以后各依次标上 1、2、3……用刻度尺测出对应高度 h_1、h_2、h_3……

2.应用公式 计算各点对应的速度 v_1、v_2、v_3……

3.计算各点对应的势能减少量和动能增加量进行比较。

测量点 n	1	2	3	4	5	6
高度 h_n						
速度 v_n						
势能 E_p						
动能 E_k						

4.图像法处理数据。

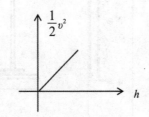

【注意事项】

1.实验中打点计时器的安装，两纸带限位孔必须在同一竖直线上，以减少摩擦力。

2.实验时，必须先接通电源，让打点计时器工作正常后才松开纸带让重锤下落。

3.打点计时器必须接50Hz交流低压电源。

4.必须保留纸带上打出点迹的第一点，且第1、2点间距约为2mm的纸带误差小。

5.实验中，只要验证gh是否等于$v^2/2$即可，不用测重锤的质量。

【误差分析】由于重锤克服阻力做功，所以动能增加量略小于重力势能减少量。

1.偶然误差：测量长度时会带来偶然误差。

2.系统误差：实验中重物和纸带下落过程中要克服阻力（主要是打点计时器的阻力）做功，故动能的增加量$E_k = \dfrac{1}{2}mv^2$必定稍小于势能的减少量$E_p = mgh$。

五、作业设计

1.某同学利用重物自由下落来"验证机械能守恒定律"的实验装置如图甲所示。

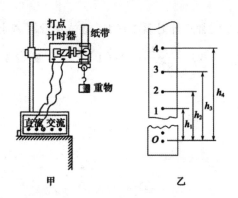

（1）请指出实验装置中存在的明显错误：＿＿＿＿＿＿＿＿＿＿＿＿＿＿＿。

（2）进行实验时，为保证重物下落时初速度为零，应＿＿＿＿＿＿（选填"A"

或"B")。

A.先接通电源,再释放纸带 B.先释放纸带,再接通电源

(3)根据打出的纸带,选取纸带上连续打出的1、2、3、4四个点如图乙所示。已测出1、2、3、4到打出的第一个点 O 的距离分别为 h_1、h_2、h_3、h_4,打点计时器的打点周期为 T,若代入所测数据能满足表达式 $gh_3 =$ _____,则可验证重物下落过程机械能守恒(用题目中已测出的物理量表示)。

2.在利用重锤下落验证机械能守恒定律的实验中用打点计时器打出的纸带如图所示,其中,A 为打下的第1个点,C、D、E、F 为距 A 较远的连续选取的四个点(其他点子未标出)。用刻度尺量出 C、D、E、F 到 A 的距离分别为 $s_1 = 20.06cm$,$s_2 = 24.20cm$,$s_3 = 28.66cm$,$s_4 = 33.60cm$,重锤的质量为 $m = 1.00kg$;电源的频率为 $f = 50Hz$;实验地点的重力加速度为 $g = 9.80m/s^2$。为了验证打下 A 点到打下 D 点过程中重锤的机械能守恒,则应计算出:

(1)打下 D 点时重锤的速度 $v =$ _____m/s

(2)重锤重力势能的减少量 $\triangle E_p =$ _____J

(3)重锤动能的增加量 $\triangle E_k =$ _____J

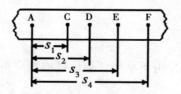

【参考答案】1.(1)打点计时器不能接"直流电源"(或打点计时器应接"交流电源") (2)A (3)$\dfrac{h_4 - h_2^2}{8T^2}$ 2.(1)2.15 (2)2.372 (3)2.311

第三章　必修第三册

本册内容由"静电场""电路及其应用""电磁场与电磁波初步""能源与可持续发展"四个主题组成。

本册内容通过静电场、电路及其应用、电磁场与电磁波初步以及能源与可持续发展等内容的学习，了解场的物质性，树立物质观念、运动与相互作用观念、能量观念。学会建立点电荷、电场线、磁感线等物理模型，体会物理模型在研究具体问题中的重要作用。了解应用物理量之比定义新物理量的方法，了解电场强度、电势等物理量的含义并体会其定义方法。重视发挥物理学史的教育功能，了解库仑定律的探索历程，体会库仑扭秤实验设计的实验思想与方法。了解磁场的基本概念，利用与静电场对比的方法了解磁感应强度，知道磁通量是一个重要的物理量。通过实验了解产生感应电流的条件，体会科学实验在物理学发展中的重要作用。在实验探究金属导体的电阻与材料长度和横截面积的定量关系，以及闭合电路欧姆定律等内容的学习中，努力创设，激发学生探究欲望的问题情境，进行科学探究，培养实验设计、分析论证、反思评估等能力。本册内容与生产生活、科技进步、社会发展密切相关，要充分利用多种教学资源，了解电磁感应现象在生产生活中的应用，认识能源开发与利用对人类生活和社会发展的影响，关注科学、技术、社会、环境的关系，培养解决实际问题的能力。

具体做到以下几方面：

能用电场强度、电势、磁感应强度等物理量描述电场或磁场的性质。会用库仑定律分析点电荷之间的相互作用，会用闭合电路欧姆定律等分析电路各部分之间电学量的相互关系，能用电势能和焦耳定律等分析电学中的能量转化问题，在实践中能做到安全用电和节约用电，具有可持续发展与环境保护的意识。知道电磁场的物质性，能说出电磁感应现象在生产生活中应用的实例，能利用场的性质解释有关电磁波的现象。形成初步的物质观、运动与相互作用观和能量观，并能以此观察和解释简单的自然现象，解决简单的实际问题。

能用点电荷模型研究电荷间的相互作用，能用物理量之比定义电场强度、电势、磁感应强度等物理量，进一步了解用物理量之比定义新物理量的方法。能用电场线、磁感线等模型分析电场和磁场中比较简单的问题，并得出结论。在问题分析和论证过程中，能使用证据说明自己的观点。

会做"测量电源的电动势和内阻"等实验。能在教师指导下制订实验方案，能选用实验器材进行实验，获取实验数据；会用图像处理实验数据，能根据图像获得结论；能分析实验中存在的误差，并能提出减小误差的方法。能运用学过的物理术语撰写实验报告。

通过对电磁学及能源相关内容的学习，认识科学对技术的推动作用，体会科技进步对人类生活和社会发展的影响，认识科学、技术、社会、环境的关系，知道保护环境、节约能源、促进可持续发展的重要意义。

类比旧知　定义新量

——《电场　电场强度》微资源设计

北京市第二中学通州校区　刘　佳

一、内容说明

对应高中物理课程标准内容知识点： 3.1.3 知道电场是一种物质。了解电场强度，体会用物理量之比定义新物理量的方法。

内容分析： 静电场是高中阶段电学内容的开始，也是高中阶段电学内容的基础。电场强度描述了电场的力的性质，是电学中最基本的概念。学好电场和电场强度，才可拓展延伸至电场力做功、电势差、电势能、电流的形成、带电粒子的运动等一系列内容，所以本节课内容是掌握电学的基础。要理解电场强度的概念，首先要建立电场的概念，理解场的物质性是学生学习本节课的一个难点。电场强度的概念比较抽象，本节课主要通过让学生自己去发现不同点电荷在同一位置，以及同一点电荷在不同位置等的受力的规律，即 F/q 在同一位置是一个定值，与检验电荷无关，从而引出电场强度的概念。通过探究点电荷电场强度的决定式，加深对电场强度概念的理解。在理解电场强度矢量性的基础上，理解场的叠加原理。

二、教学目标分析

物理观念： 知道电荷间的相互作用是通过电场发生的；理解电场强度的概念及其定义，会根据电场强度的定义进行有关的计算。

科学思维： 领略通过电荷在电场中所受静电力研究电场、理想模型法、比值法、类比法等物理学研究方法，对研究物理问题的方法有进一步的认识。

科学探究： 经历"探究描述电场强弱的物理量"的过程，获得探究活动的体验。

科学态度与责任： 通过探究的方法让学生体验寻找物理规律的艰辛与喜悦，感受并学习科学家严谨科学的态度。

三、教学重难点分析

教学重点：理解电场、电场强度的概念。

教学难点：对电场物质性的理解及电场强度的概念的建立。

四、教学过程

（一）引入新课

提出问题：根据生活经验，打开水龙头水会往下流，如何在不接触水流的情况下，使水流发生弯曲？

播放演示实验。

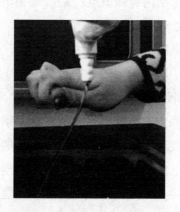

思考问题：摩擦过的橡胶棒带电后没有接触水流，如何对水施加了力的作用？

【设计意图】创设情境引入，引发学生思考，引出电场的概念，电荷之间通过电场发生相互作用。

（二）讲授新课

简介物理学史：法拉第提出电场的概念。

1.电场：电场是电荷周围存在的一种特殊的物质。与重力场类比介绍电场的特点。

基本性质：电场对放入其中的电荷有力的作用——电场力。

演示实验：摩擦过的橡胶棒对带电小球的力的作用特点。

思考：如何描述电场的强弱呢？

填写表格，表1（同一位置）：

检验电荷	q	$2q$	$3q$	$4q$	nq
静电力大小	$k\dfrac{Qq}{r^2}$	$k\dfrac{Q\cdot 2q}{r^2}$	$k\dfrac{Q\cdot 3q}{r^2}$	$k\dfrac{Q\cdot 4q}{r^2}$	$k\dfrac{Q\cdot nq}{r^2}$
静电力的倍数关系	F_1	$2F_1$	$3F_1$	$4F_1$	nF_1

表2（不同位置）：

距离	r	$2r$	$3r$	$4r$	nr
静电力大小	$k\dfrac{Qq}{r^2}$	$k\dfrac{Qq}{(2r)^2}$	$k\dfrac{Qq}{(3r)^2}$	$k\dfrac{Qq}{(4r)^2}$	$k\dfrac{Qq}{(nr)^2}$
静电力的倍数关系	F_1	$\dfrac{1}{4}F_1$	$\dfrac{1}{9}F_1$	$\dfrac{1}{16}F_1$	$\dfrac{1}{n^2}F_1$

通过对比表格分析得到结论：比值 F/q 由电荷 q 在电场中的位置决定，与电荷 q 的电荷量大小无关，它才是反映电场强弱的物理量。

2. 电场强度

（1）物理意义：反映电场本身性质（电场强弱和方向）的物理量。

（2）定义：放入电场中某点的电荷所受的静电力 F 跟它的电荷量 q 的比值，叫作该点的电场强度，简称场强。

（3）定义式：$E = \dfrac{F}{q}$（比值定义法）与初中学过的电阻的定义类比。

（4）单位：N/C。

演示实验：电场中不同位置电荷受力的方向不同。

（5）矢量性：规定电场强度的方向与正电荷受电场力方向相同。

强调：对电场强度的理解。

①电场强度定义式适用于一切电场；

②电场强度由电场本身性质决定，与检验电荷的正负、大小及受到的电场力都无关。

（三）探究活动

设一个点电荷的电荷量为 $+Q$，与之相距为 r 的 P 点放一试探电荷，所带电荷量为 $+q$。试求 P 点的场强的大小，并确定场强的方向。

$$E = \frac{F}{q}$$

$$F = \frac{kQq}{r^2}$$

$$\Rightarrow \quad E = \frac{F}{q} = \frac{k\frac{Qq}{r^2}}{q} = \frac{kQ}{r^2}$$

方向:沿QP连线向外

点电荷的电场强度:$E = k\dfrac{Q}{r^2}$

点电荷场强大小跟场源电荷 Q 成正比,与场源距离 r 的平方成反比。

五、作业设计

如图所示,在电场中的 A、B 两点分别放置两个电量为 $+q_1$ 和 $-q_2$ 点电荷,分别受到电场力 F_1 和 F_2,已知 $F_1 < F_2$,但 q_1 和 q_2 的大小关系未知。请回答下列问题。

1. 只根据条件 $F_1 < F_2$,那么,(　　)

A. 可以比较 A、B 两点电场的强弱

B. 无法比较 A、B 两点电场的强弱

2.(多选)为了比较 A、B 两点电场的强弱,下列做法可行的是(　　)

A. 只比较 F_1 和 F_2 大小　　　B. 比较 $\dfrac{F_1}{q_1}$ 和 $\dfrac{F_2}{q_2}$ 的大小

C. 比较 $\dfrac{q_1}{F_1}$ 和 $\dfrac{q_2}{F_2}$ 的大小　　　D. 无法判断哪个点的电场强度更大

3. 根据已知条件,可以判断(　　)

A. 点 A 处的电场强度与力 F_1 方向一致

B. 点 B 处的电场强度与力 F_2 方向一致

C. 无法判断点 A、B 处的电场强度方向

4. 如果最初人们不是约定电场中正电荷受力方向为电场强度方向,而是约定负电荷受力方向为电场强度方向,那么,点 A 处的电场强度沿着(　　)

A. 力 F_1 的方向　　　　　B. 力 F_1 的反方向

C. 力 F_2 的方向　　　　　D. 力 F_2 的反方向

5. 在电场强度为 E 的某点上放置一个检验电荷,电量为 q,该检验电荷

在某点受到的电场力为 F，则（　　　）

A. $F = \dfrac{E}{q}$　　　　B. $F = Eq$　　　C. $F = \dfrac{q}{E}$　　　　D. 以上答案都不对

6. 下列物理量的定义方法与物理学中电场强度的定义方法，类似的有（　　　）

A. 密度 ρ　　　　B. 位移 x　　　　C. 功 W　　　　D. 动能 E_k

7. 若把电场跟重力场类比，电场强度 E 与下列物理量的意义比较接近的是（　　　）

A. 重力的功　　　　　　　B. 重力加速度

C. 重力势能　　　　　　　D. 重力

【参考答案】1.B　2.BC　3. A　4.B　5.B　6.A　7.B

知识迁移 提升能力

——《电势能和电势》微资源设计

中国人民大学附属中学通州校区 闻 静

一、内容说明

对应高中物理课程标准内容知识点：3.1.5 知道静电场中的电荷具有电势能，了解电势能、电势和电势差的含义。

内容分析：本节内容为物理必修第三册静电场中的教学内容，它处在电场强度之后，位于电势差之前，起到承上启下的作用。它是课程教学中利用较多物理思维方法的一堂课，尤其是用类比的方法达到对新知识的探究，同时让学生就具体的物理知识迁移埋下思维铺垫。教材从电场对电荷做功的角度出发，推知在匀强电场中电场力做功与移动电荷的路径无关。并与重力势能类比，说明电荷在电场中也具有电势能。电场力做功的过程就是电势能的变化量，而不能决定电荷在电场中某点的电势能的数值，因此有必要规定电势能零点。本节课对学生能力的提高和对知识的迁移、灵活运用给予了思维上的指导作用。

二、教学目标分析

物理观念：理解静电力做功的特点、电势能的概念、电势能与电场力做功的关系。理解电势的概念，知道电势是描述电场的能的性质的物理量。明确电势能、电势、静电力的功、电势能的关系。

科学思维：培养学生逻辑思维能力、类比能力和理论联系实际能力。

科学探究：通过学生的理论探究，培养学生分析问题、解决问题的能力。培养学生利用物理语言分析、思考、描述概念和规律的能力。

科学态度与责任：利用知识类比和迁移激发学生的学习兴趣，培养学生灵活运用知识和对科学的求知欲。

三、教学重难点分析

教学重点：理解掌握电势能、电势、等势面的概念及意义。

教学难点：掌握电势能与做功的关系，并能用此解决相关问题。

四、教学过程

（一）引入新课

1. 从静电力、电场强度概念，指出前面我们从力的性质研究电场，从本节起将从能量的角度研究电场。

2. 复习功和能量的关系：从静电场中静电力做功使试探电荷获得动能入手，提出问题：是什么转化为试探电荷的动能？

【**设计意图**】引导学生如何依托已有的知识，理解新知识。

（二）讲授新课

1. 静电力做功的特点

让试探电荷 q 在电场强度为 E 的匀强电场中沿几条不同路径从 A 点运动到 B 点，我们来计算这几种情况下静电力对电荷所做的功。

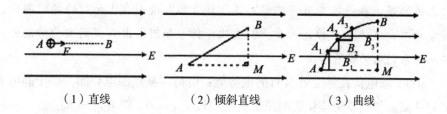

| （1）直线 | （2）倾斜直线 | （3）曲线 |

（1）$W = F|\mathrm{AB}| = qE|\mathrm{AB}|$

（2）$W = F|\mathrm{AB}|\cos\theta = qE|\mathrm{AB}|$

（3）$W = W_1 + W_2 + W_3 + \cdots$　　其中 $F = qE|\mathrm{AM}|$

结论：静电力做功只与电荷的起始位置和终点位置有关，与电荷经过的路径无关。

【**设计意图**】分析三种情况下的做功的数据结果，结合具体的问题情景，从中找到共同点和不同点，联系前面所学的知识，归纳得出相关的物理知识。

2. 电势能

思考与讨论：静电力做功也与路径无关，是否隶属势能? 可以给个物理名称吗?

（1）电势能：由于移动电荷时静电力做功与移动的路径无关，电荷在电场中也具有势能，这种势能我们叫作电势能。电势能用 E_p 表示。

思考与讨论：如果做功与路径有关，那能否建立电势能的概念呢？

（2）静电力做的功等于电势能的变化。功是能量变化的量度。

电场力做多少功，电势能就变化多少，在只受电场力作用下，电势能与动能相互转化，而它们总量保持不变。

思考与讨论：不同的电荷从 A 运动到 B 的过程中，电势能的变化情况：

$$W_{AB} = -\left(E_{pB} - E_{pA}\right) = E_{pA} - E_{PB}$$

正电荷从 A 运动到 B 做正功，即有 $W_{AB}>0$，则 $E_{pA}>E_{pB}$，电势能减少。

正电荷顺着电场线的方向其电势能逐渐减少。

负电荷从 A 运动到 B 做负功，即有 $W_{AB}<0$，则 $E_{pA}<E_{pB}$，电势能增加。

负电荷顺着电场线的方向其电势能逐渐增加。

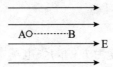

【设计意图】通过寻找类比点：力做功只与物体位置有关，而与运动路径无关的事例在物理中有哪些呢？属于什么能？进而在上面讨论的问题中，请分析求出 A 点的电势能为多少？类比分析：如何求出 A 点的重力势能呢？进而联系到电势能的求法。

（3）求电荷在某点处具有的电势能：电荷在某点的电势能，等于静电力把它从该点移到零势能位置时所做的功。设 $E_{PB}=0$，则 $W_{AB}=E_{pA}$。

（4）零势能面的选择：通常把电荷离场源电荷无限远处的电势能规定为零，或把电荷在大地表面上的电势能规定为零。

3.电势

我们通过静电力的研究认识了电场强度，现在要通过电势能的研究来认识另一个物理量——电势。它同样是表征电场性质的重要物理量度。

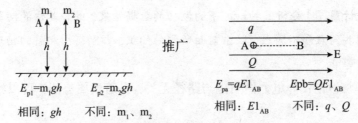

通过类比可见，若用左图中的 E_p/m，或右图中的 E_p/q，它们的值是相同的。

电荷在电场中某一点的电势能与它的电荷量的比值，是由电场中这点的位置决定的，跟试探电荷本身无关。

得出结论后，引导学生类比电场的得来过程，提出新的物理量——电势。

（1）定义：电荷在电场中某一点的电势能与它的电荷量的比值，叫作这一点的电势。用 φ 表示。

（2）表达式：$\varphi = Ep/q$ （与试探电荷无关）

（3）电势是标量，它只有大小，没有方向，但有正负。

（4）单位：伏特（V）$1V = 1J/C$。

（5）物理意义：电荷量为 1C 电荷在该点的电势能是 1J，则该点的电势就是 1V。

【设计意图】自己能用所学知识进行简单的描述，培养相关应用归纳知识的能力。

五、作业设计

如图所示，在电场中的两个不同位置 A 和 B 处放置同一点电荷 $+q_1$，点电荷在 A 和 B 两处具有的电势能分别为 E_{PA1} 和 E_{PB1}。电荷量分别为 $+q_1$ 和 $+q_2$ 的点电荷放置在同一个位置 A 处具有电势能分别为 E_{PA1} 和 E_{PA2}，且满足 $q_1 \neq q_2$。

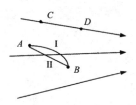

1. 若先后沿着路径 I 和 II 把同一点电荷从 A 点移动到 B 点，电场力对点电荷所做的功分别为 W_1 和 W_2，则（　　　）

A. $W_1 > W_2$　　　B. $W_1 < W_2$　　　C. $W_1 = W_2$　　　D. 无法比较 W_1 和 W_2 的大小

2. E_{PA1} 与 E_{PB1} 相比（　　　）

A. 不相等　　　　　B. 相等　　　　C. 不能确定

3. E_{PA1} 与 E_{PA2} 相比（　　　）

A. 不相等   B. 相等   C. 不能确定

4. $\dfrac{E_{PA1}}{q_1}$ 与 $\dfrac{E_{PA2}}{q_2}$ 相比（   ）

A. 不相等   B. 相等   C. 不能确定

5. $\dfrac{E_{PA1}}{q_1}$ 与 $\dfrac{E_{PA2}}{q_2}$ 大小决定于（   ）

A. 电场本身   B. $+q_1$ 和 $+q_2$ 的大小   C. 电场本身和试探电荷的电量

6. 上图中，已知点 C、D 是同一条电场线上的两个点。现在把一个正点电荷从点 C 移到点 D。请回答下列问题

①移动过程中，电场力对正电荷做（   ）

A. 正功   B. 负功   C. 不做功

②比较正电荷 C、D 两点上的电势能（   ）

A. 在 C 点电势能大   B. 在 D 点电势能大

C. 在 C、D 两点上的电势能相等   D. 不能确定在哪个点上的电势能大

③比较 C、D 两点的电势，（   ）

A. 点 C 处电势高   B. 点 D 处电势高

C. 点 C、D 两处的电势相等   D. 不能确定哪个点的电势高

【参考答案】1.C   2.A   3. A   4.B   5.A   6.①A   ②A   ③A

旧知加工 顺利过渡

——《电场力做功与电势差的关系》微资源设计

中国人民大学附属中学通州校区 闻 静

一、内容说明

对应高中物理课程标准内容知识点： 3.1.5 知道匀强电场中电势差与电场强度的关系，理解电场力做功与电势差关系。

内容分析： 本节以电势的概念为起点，再次运用类比的方法，把电势差与高度差进行类比引入电势差的概念。同时，得出电势差与电势零点的选择无关。在物理学中，特别是在技术应用方面常用到的是电势差的概念，电势差往往比电势更有意义。

二、教学目标分析

物理观念： 理解电势差是描述电场能的性质的物理量，知道电势差与电势零点的选取无关，熟练应用其概念及定义式进行相关的计算，知道电势与电势差的关系。

科学思维： 培养学生逻辑思维能力、类比能力、极限思想，进一步理解比值法定义的思想。

科学探究： 由电势的概念过渡到电势差的概念。理论探究电场力做功与电势差的关系，培养学生的探究能力。

科学态度与责任： 通过对原有知识的加工，对新旧知识的类比、概括，培养学生知识自我更新的能力。

三、教学重难点分析

教学重点： 电势差的概念；电场力做功与电势差的关系。

教学难点： 探究电场力做功与电势差关系式。

四、教学过程

（一）引入新课

复习电势相关知识：电荷在电场中某一点的电势能与它的电荷量的比值，

叫作这一点的电势 $\phi = \dfrac{E_P}{q}$。

【设计意图】 根据电势的概念引出电势差的概念。

（二）讲授新课

1.电势差

在静电场中：若规定 C 点电势为零，j_A =3V，j_B =1V，则 $j_A - j_B$ =2V。A、B 两点间的电势差值，即为电势差。

电势的高低与零电势位置有关；电势的差值与零电势位置无关。

$$U_{AB} = \varphi_A - \varphi_B \qquad U_{BA} = \varphi_B - \varphi_A \qquad U_{AB} = - U_{BA}$$

2.探究电场力做功与电势差的关系

（1）提出问题：电场力做功与电势有关还是与电势差有关?

在静电场中，若规定 C 点电势为零，ϕ_A =3V，ϕ_B =1V，则 $\phi_A - \phi_B$ = __2V__ 。

若规定 B 点电势为零，则 ϕ_A = __2V__ ，ϕ_B = __0V__ ，$\phi_A - \phi_B$ = __2V__ 。

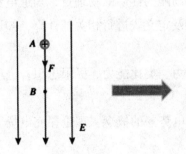

问题❓

如果我们要从 6 楼走到 8 楼，影响我们做功多少的因素是这两层楼的高度差而不是楼的高度。

某个电荷在确定的电场中由 A 点移动到 B 点，影响静电力做功多少的因素可能是 A 点或 B 点的电势值呢? 还是 A、B 两点之间电势的差值呢?

（2）解析电场力做功与路径无关，利用微元法得出结论。

（3）思路：电场力做功引起电势能的变化，理论推导电场力做功与电势差的关系。

将电荷 q 从 A 移至 B（沿不同路径）：

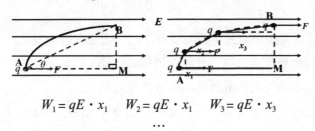

$$W_1 = qE \cdot x_1 \quad W_2 = qE \cdot x_1 \quad W_3 = qE \cdot x_3$$

$$\cdots$$

$$x_1 + x_2 + x_3 + \cdots = AM$$

$$W = W_1 + W_2 + W_3 + \cdots = qE \cdot |AM|$$

电荷 q 在电场中从 A 点移动到 B 点时，静电力做的功 W_{AB} 等于在 A、B 两点的电势能之差。由此可以导出静电力做的功与电势差的关系：

$$W_{AB} = E_{pA} - E_{pB}$$

$$W_{AB} = q\varphi_A - q\varphi_B = q(\varphi_A - \varphi_B) = qU_{AB} \qquad U_{AB} = \frac{W_{AB}}{q}$$

因此，知道了电场中两点的电势差，就可以很方便地计算在这两点之间移动电荷时静电力做的功，而不必考虑静电力和电荷移动的路径。正是因为这个缘故，在物理学中，电势的差值往往比电势更重要。

五、作业设计

1. 如图所示，a、b 是某电场中电场线上的两点，将一个带电荷量为 q 的点电荷从 a 移到 b，电场力做功为 W，且 a、b 间的距离为 d，以下说法中正确的是（　　）

A. a、b 间的电势差为 $\dfrac{W}{q}$ 　　　　B. a 处的电场强度为 $E = \dfrac{W}{qd}$

C. b 处的电场强度为 $E = \dfrac{W}{qd}$ 　　　　D. a 点的电势为 $\dfrac{W}{q}$

2. 在某静电场中把一个 $+q$ 的检验电荷从电场中的 A 点移到无限远处时，电场力做功为 W，则检验电荷在 A 点的电势能 E_{pA} 以及电场中 A 点的电势 φ_A 分别为（　　）

A. $E_{pA} = W, \varphi_A = \dfrac{W}{q}$ 　　　　　　B. $E_{pA} = W, \varphi_A = -\dfrac{W}{q}$

C. $E_{pA}=-W$, $\varphi_A=\dfrac{W}{q}$ D. $E_{pA}=-W$, $\varphi_A=-\dfrac{W}{q}$

3.若带正电荷的小球只受到电场力作用，则它在电场中（   ）

A. 一定沿电场线由高电势处向低电势处运动

B. 一定沿电场线由低电势处向高电势处运动

C. 不一定沿电场线运动，但一定由高电势处向低电势处运动

D. 不一定沿电场线运动，也不一定由高电势处向低电势处运动

4. 某静电场的电场线分布如图，P、Q 为该电场中的两点。下列说法正确是（   ）

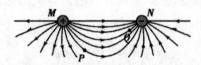

A. P 点场强大于 Q 点场强   B. 将电子从 P 点移动到 Q 点，电场力做正功

C. P 点电势低于 Q 点电势   D. 将电子从 P 点移动到 Q 点，其电势能增大

5. 一个带正电的质点，电量 $q=2.0\times10^{-9}$C，在静电场中由 a 点移到 b 点，在这个过程中，除电场力外，其他力做的功为 6.0×10^{-5}J，质点的动能增加了 8.0×10^{-5}J，则 a、b 两点间的电势差 U_a-U_b 为（   ）

A.3×10^4 V   B.1×10^4V   C.4×10^4 V   D.7×10^4 V

【参考答案】1.C   2.A   3.D   4.C   5.B

情景转换　探索应用

——《带电粒子在电场中的运动》微资源设计

北京市通州区张家湾中学　王冬梅

一、内容说明

对应高中物理课程标准内容知识点：3.1.5 能分析带电粒子在电场中的运动情况，能解释相关的物理现象。

内容分析：本节课的教学从最基础的内容出发帮助学生理解带电粒子在电场中的运动，是对电场知识的重要应用，也是力学知识与电学知识的综合应用，通过对本节课的学习，学生能够把电场知识和牛顿运动定律、动能定理、运动的合成与分解等力学知识有机地结合起来，加深对力学、电学知识的理解，有利于培养学生用物理知识解决实际问题的能力。

二、教学目标分析

物理观念：理解带电粒子在匀强电场中的运动规律；能利用力学和电学知识综合处理带电粒子在匀强电场中的加速和偏转问题。

科学思维：通过对带电粒子在匀强电场中的加速和偏转过程的分析，培养学生的分析、推理和探索知识的能力。

科学探究：提出问题，结合前面所学知识解决问题，体会带电粒子在匀强电场中运动。

科学态度与责任：通过知识的应用，培养学生热爱科学的精神。

三、教学重难点分析

教学重点：运用力学和电学知识综合处理带电粒子在电场中的加速和偏转问题。

教学难点：运用力学和电学知识综合处理带电粒子在电场中的偏转问题。

四、教学过程

（一）引入新课

带电粒子在电场中会受到电场力的作用，那么带电粒子在电场力的作用下会做哪些运动呢，通过今天的学习我们就可以知道。

（二）讲授新课

1. 带电粒子在电场中处于平衡状态

情景1：质量 m 电荷量 q 带电微粒在水平放置的平行板电容器中处于静止状态，粒子带正电还是负电？极板间场强多大？（粒子的重力不能忽略）

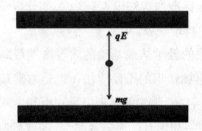

分析：由于上极板带正电，下极板带负电，故两极板之间的场强是竖直向下的。电粒子处于静止状态，故粒子受竖直向下的重力和向上的电场力，由于电场力的方向与场强方向相反，故粒子带负电。又粒子在电场中静止不动，满足二力平衡，有 $qE=mg$，所以场强大小为 $E=mg/q$，方向竖直向下。

拓展：若粒子在电场中处于匀速直线运动状态与静止状态的分析过程一样。

2. 带电粒子在电场中加速

情景2：质量为 m、电荷量为 q 的正电荷由左极板由静止释放，问粒子到达右极板的速度？

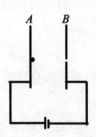

（1）动力学方法

由牛顿第二定律：$a = \dfrac{F}{m} = \dfrac{qE}{m} = \dfrac{qU}{md}$

再由运动学公式：$v^2 - 0 = 2ad$ 得到 $v = \sqrt{2ad} = \sqrt{\dfrac{2qU}{m}}$

（仅适合于匀强电场）

拓展：若粒子的初速度不为零呢？

（2）动能定理（适合于一切电场）

由动能定理：$W = \dfrac{1}{2} mv^2 - 0$　　由 $W = qU$

所以 $qU = \dfrac{1}{2} mv^2$ 即 $v = \sqrt{\dfrac{2qU}{m}}$

【设计意图】带领学生利用已有的知识分析带电粒子在电场中的平衡状态和带电粒子在电场中的加速情况。

3. 带电粒子在匀强电场中的偏转

情景3：质量为 m（重力不计）电荷量为 q 的带电粒子，以初速度 v_0 沿垂直于电场线的方向从左侧射入长为 l、电势差为 U、间距为 d 的平行板电容器，从右侧射出，问带电粒子运动的侧移量多大？速度偏向角的正切值又是多大？

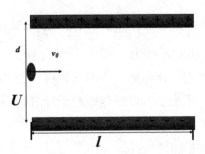

解析：带电粒子在电容器中做类平抛运动，即水平方向（垂直于电场线的方向）匀速直线，竖直方向（沿电场线的方向）做从静止开始的匀加速直线运动。

所以有 $a = \dfrac{F}{m} = \dfrac{qE}{m} = \dfrac{qU}{md}$　　由 $l = v_0 t$　　所以 $t = \dfrac{l}{v_0}$

即侧移量有 $y = \dfrac{1}{2}at^2 = \dfrac{qUl^2}{2mv_0^2 d}$

又 $v_y = at$

所以偏转角的正切值 $\tan\theta = \dfrac{v_y}{v_0} = \dfrac{qUl}{mv_0^2 d}$

【设计意图】带电粒子在匀强电场中的类平抛运动是本节课的一个难点，详细分析运动过程，帮助学生理解。

（三）课外探究

阅读教材了解示波管的构造：示波器的核心部件是示波管，示波管的构造简图如图所示，也可将示波管的结构大致分为三部分，即电子枪、偏转电极和荧光屏。

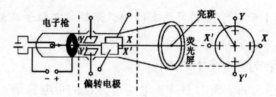

【设计意图】示波管作为带电粒子在电场中的重要应用，需要学生先认识其构造。

五、作业设计

1. 下列粒子从静止状态经过电压为 U 的电场加速后，速度最大的是(　　　)

A. 质子（${}_1^1 H$）　　　B. 氘核（${}_1^2 H$）　　C. α 粒子（${}_2^4 He$）　　D. 钠离子（Na^+）

2. 两平行金属板间为匀强电场，不同的带电粒子都以垂直于电场线的方向飞入匀强电场（不计重力），要使这些粒子经过匀强电场后有相同大小的偏转角，则它们应具备的条件是（　　　）

A. 有相同的动能和相同的比荷

B. 有相同的动量（质量与速度乘积）和相同的比荷

C. 有相同的速度和相同的比荷

D. 只要有相同的比荷就可以

3. 在某静电场中由静止释放一电子，该电子仅在电场力作用下沿直线运动，其加速度 a 随时间 t 的变化规律如图所示。则下列说法正确的是（　　　）

A. 电子做减速运动

B. 电子运动过程中途经各点的电势逐渐降低

C. 该电场一定是非匀强电场

D. 电子具有的电势能逐渐增大

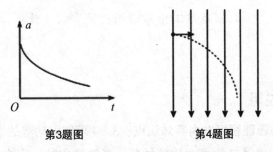

第3题图　　　　　　　　第4题图

4. 带电粒子沿水平方向射入竖直向下的匀强电场中，运动轨迹如图所示，粒子在相同的时间内（　　）

A. 位置变化相同　　　　　B. 速度变化相同

C. 速度偏转的角度相同　　D. 动能变化相同

5.（多选）让一价氢离子和一价氦离子的混合物由静止开始经过同一匀强电场加速，然后在同一匀强电场里偏转，并离开偏转电场，则氢离子和氦离子（　　）

A. 在加速电场中的加速度相等　　B. 离开加速电场时的动能相等

C. 在偏转电场中的运动时间相等　　D. 离开偏转电场时分成两股粒子束

【参考答案】1.A　2.C　3.C　4.B　5.AB

实例类比　深入理解

——《电动势的概念》微资源设计

北京市第二中学通州校区　刘　佳

一、内容说明

对应高中物理课程标准内容知识点：3.2.4 理解电动势的概念。

内容分析：电动势的概念比较抽象，是教学中的一个难点。但学生对各种电源比较熟悉，所以本设计从介绍各种电源开始，明确本节课要研究电源的共同特性。利用多媒体动画形象地将形成电流和水流条件进行类比，通过非重力对水的作用和非静电力对电荷的作用进行类比得出非静电力的概念。通过讨论不同电源把其他形式的能转化为电能的本领的不同过程中逐步建立电动势的概念，并通过电动势和电压概念本质区别的讨论，加强对电动势概念的理解。

二、教学目标分析

物理观念：理解电动势的概念、物理意义和单位。

科学思维：通过对化学电池、手摇发电机的内部原理的讲解，进一步感受建模的方法。

科学探究：通过对形成电流和水流条件的讨论，探究类比方法的优势。

科学态度与责任：通过对干电池、太阳能电池、发电机的学习认识物理源自生活，物理解决生活中的问题，增强学生对物理学科的热爱。

三、教学重难点分析

教学重点：理解电动势的概念、物理意义和单位。

教学难点：理解电动势的概念。

四、教学过程

（一）引入新课

回忆电源的作用：

1. 电源搬运电荷的作用：提供非静电力把电子从正极运到负极。

2. 电源能量转化的作用：电源内部，非静电力做正功，电势能增加，使其他形式的能量转化为电势能。

（二）讲授新课

1. 介绍生活中的电池

干电池：通过化学作用提供非静电力，把化学能转化为电能。

发电机：通过电磁作用提供非静电力，把机械能转化为电能。

太阳能电池：通过化学作用，将太阳能转化为电能。

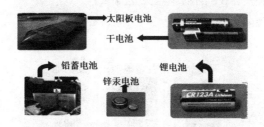

思考：怎样描述电源把其他形式的能转化为电能本领的大小？

【设计意图】理解不同电池，非静电力不同，但都是通过非静电力做功，把其他形式的能转化为电能。

2. 给出资料

（1）某种干电池非静电力把 10C 正电荷在电源内从负极移送到正极时做 15.0J 的功，把 15.0J 化学能转化成 15.0J 的电势能。

（2）某种纽扣电池非静电力把 9C 正电荷在电源内从负极移送到正极时做 27.0J 的功，把 27.0J 化学能转化成 27.0J 的电势能。

（3）某种蓄电池非静电力把 1.5C 正电荷在电源内从负极移送到正极时做 9.0J 的功，把 9.0J 化学能转化成 9.0J 的电势能。

思考：哪种电池产生的电能多？哪种电池的非静电力做功的本领大？物理学中用哪个概念来表征电源的这种特性？其表达式是什么？怎样理解？可以看出，电动势也是用比值定义的物理量。请你把电动势的定义完整地说出来。

【设计意图】理解不能从电源产生总电能多少比较非静电力做功本领，而应该比较移送单位电荷时电源所做的功。

3.电动势

（1）定义：在数值上等于非静电力把 1C 的正电荷在电源内部从负极移送到正极所做的功。

如果移送电量为 q 的正电荷，非静电力所做的功 $W_非$，把非静电力所做的功 $W_非$ 与被移送的电荷的电量 q 的比值 $W_非/q$ 叫作电源的电动势 E。

（2）公式：$E = \dfrac{W_非}{q}$

（3）单位：伏特（V）　　　1V=1J/C

（4）物理意义：反映电源把其他形式的能转化为电能本领的大小。

思考：电动势是 1.5V 的物理意义是什么？

认识各种各样的电池。

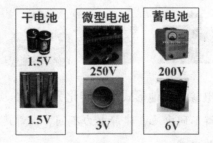

【设计意图】体会电动势的物理意义，深入理解非静电力做功。

（5）决定因素：电动势由电源中非静电力的特性决定，跟电源的体积、形状无关，与是否联入电路及外电路的情况无关。

化学电池：正负极材料、电解液材料。

太阳能电池：材料、结构、工艺、光照。

发电机：线圈转动的快慢、面积、匝数、磁场的强弱。

【设计意图】理解电动势由电源自身决定，与外电路无关。

（6）电动势与电压的区别

电动势：电动势表征电源的性质，反映电源把其他形式能转化为电能的本领。

电压：电势差表征电场的性质，反映把电势能转化为其他形式能的本领。

（三）课外探究

阅读教材，了解表征电源的重要参数：①电源的电动势 E；②电源的内阻 r。电源内部是由导体组成的，所以也有电阻，这个电阻叫作电源的内阻。

五、作业设计

1.关于电动势，下列说法正确的是（　　　）

A.在电源内部把正电荷从负极移到正极，非静电力做功，电能增加

B.对于给定的电源，移动正电荷，非静电力做功越多，电动势就越大

C.电动势越大，说明非静电力在电源内部从负极向正极移送单位电荷量做功越多

D.电动势越大，说明非静电力在电源内部把正电荷从负极移到正极的电荷量越多

2.关于电源电动势，下列说法正确的是（　　　）

A.同一电源接入不同的电路中，电动势会发生变化

B.1 号 1.5 V 干电池比 7 号 1.5 V 干电池大，但电动势相同

C.电动势表征了电源把其他形式的能转化为电能的本领大小，电源把其他形式的能转化为电能越多，电动势越大

D.电动势、电压和电势差虽名称不同，但物理意义相同，所以单位也相同

3.对于电动势 $E=2V$ 的电源给外电路供电时，当输出电流为 2A 时，在 1 分钟的时间内电源消耗的化学能为（　　　）

A.240J　　　　　　B.4J　　　　　　C.216J　　　　　　D.3.6J

4.单位电量的电荷在电场力的作用下沿闭和电路移动一周所释放的能量大小决定于（　　　）

A.电源电动势　　　　　　　　B.电流强度大小

C.电源的内阻　　　　　　　　D.电路的总电阻

5.对于电动势的定义式 $E = \dfrac{W}{q}$，理解正确的是（　　　）

A.E 与 W 成正比　　　　　　B.E 与 q 成反比

C.E 的大小与 W、q 无关　　　D.W 表示非静电力

6.手电筒中的干电池给某小灯泡供电时，电流为 0.3A，在某次接通开关的 10S 时间内，一节干电池中有多少化学能转化为电能？通过计算说明。

7.某个电动势为 E 的电源工作时，电流为 I，乘积 EI 的单位是什么？从电动势的意义来考虑，EI 表示什么？如果 $E=3V$，$I=2A$，请具体说明 EI 的含义。

【参考答案】1.A　2.B　3. A　4.A　5.C　6.4.5J

7.乘积 EI 的单位是瓦，EI 表示单位时间内电源将其他形式的能转化为电能的值，如果 $E=3V$，$I=2A$，EI 表示单位时间内电源将 6J 其他形式的能转化为电能。

六、设计说明

上述第 6 题和第 7 题题目设置源于生活和物理概念相结合的设计，让学生深刻理解电源是将其他形式的能转化为电能的装置，电源的总功率为 $P=EI$，则 EI 表示单位时间内电源将其他形式的能转化为电能的值。电动势反映电源做功的能力，电动势大，则说明其内部移动 1C 的电量时，非静电力做功要多，但是电动势相同的电池，容量不一定相同。

自制实验 体会守恒
——《闭合电路欧姆定律》微资源设计

北京市第二中学通州校区 刘 佳

一、内容说明

对应高中物理课程标准内容知识点：3.2.4 理解闭合电路欧姆定律。

内容分析：闭合电路欧姆定律是恒定电流一章的核心内容，具有承前启后的作用。既是本章知识的高度总结，又是本章拓展的重要基础；通过学习，既能使学生从部分电路的认知上升到全电路规律的掌握，又能从静态电路的计算提高到对含电源电路的动态分析及推演。同时，闭合电路欧姆定律能够充分体现功和能的概念在物理学中的重要性，是功能关系学习的好素材。

二、教学目标分析

物理观念：通过探究推导出闭合电路欧姆定律及其公式，知道电源的电动势等于内、外电路上电势降落之和。

科学思维：经历闭合电路欧姆定律及其公式的推导过程，体验能量转化和守恒定律在电路中的具体应用，培养学生推理能力。

科学探究：通过探究物理规律培养学生的创新精神和实践能力。

科学态度与责任：通过实际问题分析，拉近物理与生活的距离，增强学生学习物理的兴趣。

三、教学重难点分析

教学重点：对闭合电路欧姆定律的全面理解。

教学难点：推导闭合电路欧姆定律。

四、教学过程

（一）引入新课

用导线将电源、用电器连成闭合电路，电路中有了电流。那么电路中的电流大小与哪些因素有关？电源提供的电能是如何在闭合电路中分配的呢？

（二）讲授新课

根据下图，思考问题：

（1）闭合电路是由哪几部分组成的？

（2）在外电路中，沿电流方向，电势如何变化？为什么？

（3）在内电路中，沿电流方向，电势如何变化？为什么？

总结归纳：

1.闭合电路：只有用导线把电源、用电器连成的循环电路叫作闭合电路，用电器、导线组成外电路，而电源内部为内电路。

【设计意图】理解闭合电路的构成，能区分内电路、外电路，理解电路中电势的变化情况。

【实验探究】

（1）化学电池实验装置及电路原理图

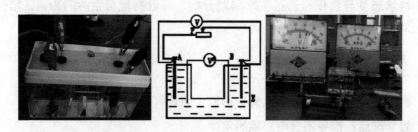

（2）数据表格：电压表 V_1 示数为电源外电压 $U_外$，V_2 示数为电源内电压 $U_内$。

电压表读数	1	2	3
$U_{外}$（V）			
$U_{内}$（V）			
$U_{外}+U_{内}$（V）			
结论猜想			

结论：改变滑动变阻器 R 的阻值，多测几组电压，均满足 $U_{外}+U_{内}=$ 定值。

闭合电路内、外电压之和保持不变，这个不变量就是电动势，实验验证得到的结果：$E=U_{外}+U_{内}$。

【设计意图】通过内电压、外电压的测量，理解闭合电路，闭合电路上电压的分配情况。

【理论探究】问题 1：如图所示，若外电路两端的电势降落，即电势差为 $U_{外}$；内电路中的电势降落，即电势差为 $U_{内}$；电源电动势为 E；当电键闭合后，电路中的电流为 I，通电时间为 t。试回答下列问题：

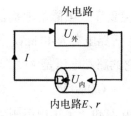

（1）在 t 时间内，外电路中静电力做的功 $W_{外}$ 为多少？

$$W_{外}=qU_{路}=ItU_{路}$$

（2）在 t 时间内，内电路中静电力做的功 $W_{内}$ 为多少？

$$W_{内}=qU_{内}=ItU_{内}$$

（3）电池化学反应层在 t 时间内，非静电力做的功 $W_{非}$ 为多少？

$$W_{非}=qE=ItE$$

（4）静电力做的功等于消耗的电能，非静电力做的功等于转化的电能，根据能量守恒你能得到什么？

$$E=U_{外}+U_{内}$$

问题 2：依据上面得到的结果，推导出闭合电路中的电流 I 与电动势 E、

内电阻 r、外电阻 R 的关系式。

$$E = U_外 + U_内 \qquad E = R + Ir \qquad I = \frac{E}{R+r}$$

【设计意图】理解电路中静电力做功、非静电力做功，能用能量守恒得出闭合电路欧姆定律；理解闭合电路欧姆定律的三种不同形式。

2.闭合电路欧姆定律

（1）内容：在外电路为纯电阻的闭合电路中，电流的大小跟电源的电动势成正比，跟内、外电路的电阻之和成反比。

（2）表达式：$I = \dfrac{E}{R_外 + r}$。

（3）适用范围：外电路为纯电阻电路。

（4）电源的电动势等于内外电路电势降落之和 $E = U_外 + U_内$。

五、作业设计

1.飞行器在太空飞行，主要靠太阳能电池提供能量。若一太阳能电池板测得它的开路电压为 800 mV，短路电流为 40 mA。将该电池板与一阻值为 20 Ω 的电阻连成一闭合电路，则它的路端电压是（   ）

A.0.10 V   B.0.20 V   C.0.30 V   D.0.40 V

2.某同学把电流表、干电池和一个定值电阻串联后，两端连接两支测量表笔，做成了一个测量电阻的装置，如图所示。两支表笔直接接触时，电流表的读数为 5.0 mA；两支表笔与 300 Ω 的电阻相连时，电流表的读数为 2.0 mA。由此可知，这个测量电阻装置的内阻是（   ）

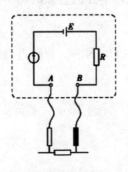

A.200 Ω   B.300 Ω   C.500 Ω   D.800 Ω

3.左图是实验室的可拆卸铅蓄电池装置，右图是其示意图。利用铅与稀硫酸的化学反应，该装置可以将化学能转化为电能。图中 M 为电池正极（二氧化铅棒上端），N 为电池负极（铅棒上端），P、Q 分别为与正、负极非常靠近的探针（探针是为测量内电压而加入电池的，它们不参与化学反应）。用电压传感器（可看作理想电压表）测量各端间的电势差，数据如表所示。则下列说法正确的是（　　　）

 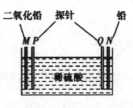

	U_{MP}	U_{PQ}	U_{QN}
外电路断开时	1.51 V	约为 0	0.59 V
在 M、N 之间接入 10 Ω 电阻时	1.47 V	−0.42 V	0.63 V

A.外电路接通时稀硫酸溶液中的电流方向向右

B.该电池的电动势约为 0.59 V

C.该电池的电动势约为 1.51 V

D.该电池的内阻约为 2.5 Ω

【参考答案】1.D　2.A

3.D 外电路接通时，在电源内部电流由负极流向正极，所以 A 错。外电路断开时，$U_{MN}=U_{MP}+U_{PQ}+U_{QN}=E$，所以 $E=2.1$ V。当接入外电阻时，$U_{路}=U_{MN}=1.68$ V，$U_内=0.42$ V，$\dfrac{R}{r}=\dfrac{U_路}{U_内}$，解得 $r=2.5$ Ω，所以选 D。

活动引领　修正提升

——《伏安法测电阻》微资源设计

北京市第二中学通州校区　刘　佳

一、内容说明

对应高中物理课程标准内容知识点：3.2.2 通过实验，会用伏安法测金属丝的电阻率。

内容分析：伏安法测电阻是电学实验的主干线，是高考的常考实验，涉及选表、选择电路、画电路图、由电路图连实物图、电表读数、数据处理、误差分析等。而学生总是认为实验难、自己的动手能力差、对实验充满畏惧心理、做题时会出现各种错误，通过周测实验题目的考查得出学生在选择电路和连接实物图及误差分析存在较大问题。基于以上原因，本课希望学生能够通过分析总结电路选择的原则、画电路图、连实物图、实际操作，掌握电学实验的基本内容，通过误差分析认识不同测量电路产生误差的原因，归纳总结得出分析误差的方法。

二、教学目标分析

物理观念：通过伏安法测电阻的学习，知道由于电压表和电流表的连接方式不同可以分为电流表外接和电流表内接，会分析系统误差，能根据待测电阻阻值不同学会选择合适的测量电路；能根据所给器材特点及实验要求选择合适的控制电路。

科学思维：通过画电路图、连实物图总结出由电路图连接实物图的方法；通过电路选择中的误差分析，发展学生的分析、概括和科学思维能力。

科学探究：通过微课学习，在实验课连接实验电路，体会实验探究的地位和作用。

科学态度与责任：通过画图连图，不断修正，培养学生勇于修正错误的精神。

三、教学重难点分析

教学重点：伏安法测电阻的测量电路与控制电路选择原则；伏安法测电阻的电路图与实物图的连接。

教学难点：伏安法测电阻的误差分析及分压电路的实物图连接。

四、教学过程

（一）引入新课

伏安法测电阻是电学实验的基础实验，通过本节课我们来解决选择电路、连接实物图、误差分析等重难点问题。

（二）讲授新课

活动1：画伏安法测电阻的电路图

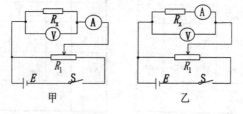

活动2：由电路图连接实物图

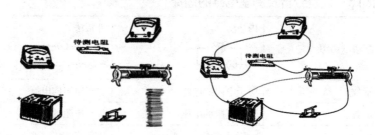

活动3：总结画电路图和连接实物图规则

（1）从电源的正极出发，将滑动变阻器与开关串联接入电路，滑动变阻器采用"两下一上"。

（2）再从滑动变阻器的触头端即上端出发将电流表与待测电阻串连接入电路。

（3）最后将电压表并联在电阻两端。

活动 4：测 5 欧电阻数据记录并计算分析

待测电阻约为 __5__ Ω，电流表 __内__ 接法。

	1	2	3	4	5
U(V)	0.60	1.30	1.89	2.40	2.92
I(A)	0.10	0.20	0.30	0.40	0.50
R(Ω)	6.00	6.50	6.30	6.00	5.84
R(Ω)	6.13				

待测电阻约为 __5__ Ω，电流表 __外__ 接法。

	1	2	3	4	5
U(V)	0.49	0.99	1.49	1.98	2.49
I(A)	0.10	0.20	0.30	0.40	0.50
R(Ω)	4.90	4.95	4.97	4.95	4.98
R(Ω)	4.95				

活动 5：测 9000 欧电阻数据记录并计算分析

待测电阻约为 __9000__ Ω，电流表 __内__ 接法。

	1	2	3	4	5
U(V)	0.21	0.43	0.65	0.86	1.05
I(μA)	20.0	40.0	60.0	80.0	100.0
R(Ω)	10500	10750	10833	10750	10500
R(Ω)	10667				

待测电阻约为 __9000__ Ω，电流表 __外__ 接法

	1	2	3	4	5
U(V)	0.12	0.24	0.35	0.48	0.60
I(μA)	20.0	40.0	60.0	80.0	100.0
R(Ω)	6000	6000	5833	6000	6000
R(Ω)	5967				

活动 6：误差分析及测量电路的选择

	内接法	外接法
电流表接法电路图		
电流表示数	等于电阻的电流	大于电阻的电流
电压表示数	大于电阻的电压	等于电阻的电压
测量结果	大于真实值	小于真实值
误差来源	电流表分压	电压表分流
适合条件	待测电阻阻值较大	待测电阻阻值较小

活动 7：误差分析思路总结

1. 确定待测原件。

2. 确定电压表读数是否为待测元件两端真正电压，确定电流表读数是否

为流经待测原件的真正电流。

3. 确定误差来源：电压表或电流表示数偏大或者偏小。

4. 分析误差原因：电流表分压或电压表分流。

5. 将电表内阻考虑在内，确定消除误差的计算式。

活动 8：测量电路选择方法

1. 当 R_x 较大时，且满足 $R_x \gg RA$ 时，应采用电流表内接法，因为这是电流表的分压作用较微弱。

2. 当 R_x 较小时，且满足 $R_x \ll Rv$ 时，应采用电流表外接法，因为这是电压表的分流作用较微弱。

五、作业设计

在"伏安法测电阻"的实验中，待测电阻 R_x 约为 200Ω，电压表 V 的内阻约为 $2k\Omega$，电流表 A 的内阻约为 1Ω，要使测量值更接近待测电阻的真实值，应该选择_____图；该测量值_____（选填"大于""等于"或"小于"）待测电阻的真实值。引起这种误差的原因是_____，这种误差属于_____（选填"系统误差"或"偶然误差"）。

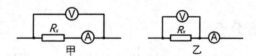

【**参考答案**】甲　大于　电流表分压　系统误差

数学支撑　描述特性
——《伏安特性曲线》微资源设计

首都师范大学附属中学通州校区　王丽丽

一、内容说明

对应高中物理课程标准内容知识点： 3.2.4 通过 I–U 图像了解材料的电阻特性。

内容分析： 伏安特性曲线图常用纵坐标表示电流 I、横坐标表示电压 U，以此画出的 I–U 图像叫作导体的伏安特性曲线图。这种图像常被用来研究导体电阻的变化规律，是物理学常用的图像法之一。以学生初中所学电学知识为基础，结合物理和数学知识，分析和讨论伏安特性曲线所能反映的物质导电特点。

二、教学目标分析

物理观念： 通过伏安特性曲线分析电阻随电压的变化情况。

科学思维： 培养学生逻辑思维能力和理论联系实际能力，进一步理解欧姆定律在数学中的体现形式。

科学探究： 通过探究电学元件的伏安特性曲线及发现非线性的特性，并分析其反映物理性质。

科学态度与责任： 启发学生去感受人类与科学、科学与社会的相互作用，体会物理学的价值。

三、教学重难点分析

教学重点： 伏安特性曲线反映的物质导电特点。

教学难点： 非线性伏安特性曲线。

四、教学过程

（一）引入新课

初中我们通过伏安法测电阻的电路，可以获取多组电路中的电流和对应的电压值，用数学图像方式把它们展现出来，就叫作伏安特性曲线。

（二）讲授新课

1.线性伏安特性曲线

某一个金属导体，在温度没有显著变化时，电阻是不变的，它的伏安特性曲线是通过坐标原点的直线，具有这种伏安特性的电学元件叫作线性元件。结合初中学习过的欧姆定律，纵坐标表示电流 I、横坐标表示电压 U，以此画出的 I–U 图像的斜率代表电阻的倒数。若纵坐标表示电压 U、横坐标表示电流 I，以此画出的 I–U 图像的斜率代表电阻。如图 1 所示。

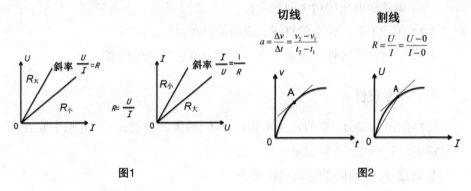

图1　　　　　　　　图2

2.非线性伏安特性曲线

欧姆定律是个实验定律，实验中用的都是金属导体。这个结论对其他导体是否适用，仍然需要实验的检验。实验表明，除金属外，欧姆定律对电解质溶液也适用，但对气态导体（如日光灯管、霓虹灯管中的气体）和半导体元件并不适用。也就是说，在这些情况下电流与电压不成正比，这类电学元件叫作非线性元件。它的伏安特性曲线为一条过原点的曲线。

若要求此类非线性元件的电阻，需要做这个伏安特性曲线的割线，求割线的斜率即为该点情况下的电阻。如图 2 所示。

【设计意图】结合数学知识和欧姆定律来分析伏安特性曲线的含义。

在日常生活中，常见的有二极管的伏安特性曲线。在通有正向电流时，电压随电流缓慢变化，我们称之为正向导通；当通有反向电流时，开始反向电压几乎为零，我们称之为反向截止。当反向电流加到某一数值时，反向电压突然陡增，此时二极管已经被击穿了。

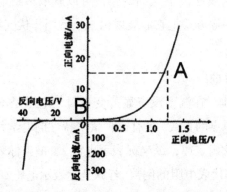

3.小结，通过伏安特性曲线可以得出：

（1）电流随电压的增大而增大；

（2）图线不是过原点的直线，说明电阻在变化；

（3）通过伏安特性曲线求某电压下电阻方法为割线斜率。

五、作业设计

1. 如图所示是 A、B 两定值电阻的 I–U 图像，若把 A、B 电阻串联在同一电路中，下列说法正确的是（　　　）

A. 通过 A、B 电阻的电流之比是 $2:1$

B. A 的阻值大于 B 的阻值

C. A、B 电阻的两端电压之比是 $1:2$

D. A、B 电阻的电功率之比是 $1:4$

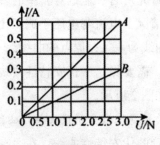

第1题图

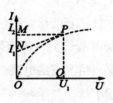

第2题图

2. 小灯泡通电后其电流 I 随所加电压 U 变化的图线如图所示，P 为图线上一点，PN 为图线的切线，PQ 为 U 轴的垂线，PM 为 I 轴的垂线，则下列说法中正确的是（　　）

A. 随着所加电压的增大，小灯泡的电阻不变

B. 随着所加电压的增大，小灯泡的电阻减小

C. 对应 P 点，小灯泡的电阻为 $R = \dfrac{U_1}{I_2 - I_1}$

D. 对应 P 点，小灯泡的电阻为 $R = \dfrac{U_1}{I_2}$

3.（多选）如图所示是某导体的 $I\text{-}U$ 图线，图中 $\alpha = 45°$，下列说法正确的是（　　）

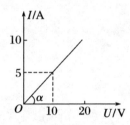

A. 通过该导体的电流与其两端的电压成正比

B. 此导体的电阻 R 不变

C. $I\text{-}U$ 图线的斜率表示电阻的倒数，所以电阻 $R = \dfrac{1}{\tan 45°}\ \Omega = 1\ \Omega$

D. 在该导体的两端加 6 V 的电压时，每秒通过导体横截面的电荷量是 3 C

【参考答案】1. C　2. D　3. ABD